高等职业教育"十四五"系列教材

Xinnengyuan Qiche Jishu
新能源汽车技术

（第3版）

赵振宁　杨舒乐　编　著
李春明　主　审

人民交通出版社股份有限公司

北　京

内 容 提 要

本书完整的介绍了3种新能源电动汽车的通用和专用技术内容,采用实车构图、原理介绍、图文结合准确的叙述方式。本书共分11章,包括新能源汽车简介、典型纯电动汽车、典型混合动力电动汽车、氢燃料电池汽车、储能装置、电动汽车充电、电动汽车电机、电力电子变换、DC/DC变换器、电动汽车空调系统、电动汽车制动系统等内容。每章都按照定义、分类、结构和基本原理循序渐进、逐步深入的编写细路,使本书类似科普类型,但也不缺少理论知识的支撑。

本书可作为高职高专学校汽车检测与维修技术、新能源汽车技术等汽车专业入门的教材,也可供从事新能源汽车运营、维修和检测工作的工程技术人员参考。

图书在版编目(CIP)数据

新能源汽车技术/赵振宁,杨舒乐编著.—3版
.—北京:人民交通出版社股份有限公司,2021.7
ISBN 978-7-114-17262-5

Ⅰ.①新… Ⅱ.①赵…②杨… Ⅲ.①新能源—汽车—高等职业教育—教材 Ⅳ.①U469.7

中国版本图书馆 CIP 数据核字(2021)第 077547 号

书　　　名:	新能源汽车技术(第3版)
著 作 者:	赵振宁 杨舒乐
责任编辑:	时　旭
责任校对:	孙国靖　龙　雪
责任印制:	刘高彤
出版发行:	人民交通出版社股份有限公司
地　　　址:	(100011)北京市朝阳区安定门外外馆斜街3号
网　　　址:	http://www.ccpcl.com.cn
销售电话:	(010)59757973
总 经 销:	人民交通出版社股份有限公司发行部
经　　　销:	各地新华书店
印　　　刷:	北京市密东印刷有限公司
开　　　本:	787×1092　1/16
印　　　张:	11.25
字　　　数:	264 千
版　　　次:	2013 年 4 月　第 1 版
	2017 年 3 月　第 2 版
	2021 年 7 月　第 3 版
印　　　次:	2022 年 12 月　第 3 版　第 2 次印刷　总第 11 次印刷
书　　　号:	ISBN 978-7-114-17262-5
定　　　价:	32.00 元

(有印刷、装订质量问题的图书,由本公司负责调换)

第3版前言

新能源汽车中的纯电动汽车、混合动力汽车和燃料电池汽车正在引发一场新的汽车工业革命。新能源汽车是集动力机械、强电、弱电和各种电控技术于一体的高科技产品,新能源汽车行业的发展水平是一个国家工业发展水平的重要标志之一。

我国是世界上新能源汽车的生产和使用大国,无论是要深入学习新能源汽车技术,还是仅想了解新能源汽车技术,一本关于新能源汽车技术方面的概论都是一个不错的入门选择。本书内容将为以后学习《纯电动汽车构造原理与检修》《混合动力汽车构造原理与检修》和《燃料电池汽车构造原理与检修》课程打好基础。

本书完整地概括了3种新能源电动汽车的通用和专用技术内容,采用实车构图、原理介绍、图文结合准确的叙述方式。本书共分11章,包括新能源汽车简介,典型纯电动汽车,典型混合动力电动汽车,典型氢燃料电池汽车,储能装置,电动汽车的充电,电动汽车的电机、电力电子变换,DC/DC变换器,电动汽车空调系统,电动汽车制动系统等内容。

本书类似科普类型,但决不缺原理性的支撑。每章都按照定义、分类、结构和基本原理循序渐进、逐步深入的编写细路。原理介绍采用通用原理举例和某几种车型的具体原理差别相结合的方式,突出了各车系不同系统的设计特点。为了增加阅读的乐趣,本书针对重要的知识点配套了微课视频,以二维码的形式嵌入到书中相应位置。读者也可通过手机等移动终端扫描书中二维码观看作者的亲自讲解。

本书后8章由长春汽车工业高等专科学校教师赵振宁编写,前3章由长春汽车工业高等专科学校教师杨舒乐编写,长春汽车工业高等专科学校校长李春明为主审,在此表示特别感谢。由于电动汽车科学技术的飞速发展,导致各车厂电动汽车技术设计差异很大,技术含量不尽相同,加之作者的水平有限及本书的篇幅所限,难免会有错漏之处,希望读者不吝指正。未经作者同意,严禁对本书内容进行部分复制和传播,否则追究法律责任。

作　者
2021 年 1 月

目录

第1章 新能源汽车简介 ·· 1
  1.1 新能源汽车概述 ·· 1
  1.2 我国新能源汽车的发展 ·································· 4
  1.3 新能源汽车补贴政策 ···································· 8

第2章 典型纯电动汽车 ··· 11
  2.1 典型纯电动汽车组成 ··································· 11
  2.2 国内典型纯电动汽车 ··································· 13

第3章 典型混合动力电动汽车 ·································· 15
  3.1 混合动力电动汽车省油特点分析 ························ 15
  3.2 混合动力电动汽车分类 ································ 17
  3.3 微混型混合动力系统 ·································· 22
  3.4 轻混型混合动力系统 ·································· 24
  3.5 中混型混合动力系统 ·································· 24
  3.6 通用 Volt 串联型混合动力电动汽车 ···················· 25
  3.7 第二代普锐斯(Prius)混联型混合动力电动汽车 ·········· 28

第4章 氢燃料电池汽车 ··· 31
  4.1 氢燃料电池汽车概述 ··································· 31
  4.2 丰田未来(Mirai)氢燃料电池汽车 ······················· 32

第5章 储能装置 ··· 36
  5.1 储能装置的性能指标 ··································· 36
  5.2 铅酸蓄电池 ··· 41
  5.3 镍氢蓄电池 ··· 43
  5.4 锂离子蓄电池 ··· 47
  5.5 钠硫蓄电池 ··· 50
  5.6 超级电容 ··· 51
  5.7 飞轮电池 ··· 53

5.8 储能装置的复合结构形式 … 58
5.9 蓄电池管理系统 … 60
5.10 丰田普锐斯蓄电池管理系统 … 63
5.11 蓄电池管理系统 … 65

第6章 电动汽车充电 … 70
6.1 电动汽车充电方式 … 70
6.2 电动汽车传导式充电接口 … 74
6.3 交、直流充电工作原理 … 80

第7章 电动汽车电机 … 93
7.1 电动汽车电机种类及性能要求 … 93
7.2 电动汽车永磁电机结构 … 94
7.3 三相逆变过程 … 97
7.4 电机位置传感器 … 100
7.5 电动汽车感应电动机 … 101

第8章 电力电子变换 … 103
8.1 汽车电力电子器件认知 … 103
8.2 绝缘栅极双极型晶体管 … 108
8.3 智能功率模块 … 119
8.4 车用变频器 … 123
8.5 冷却系统 … 128

第9章 DC/DC变换器 … 133
9.1 DC/DC变换器简介 … 133
9.2 电动汽车辅助子系统 … 134
9.3 单、双向DC/DC变换器工作原理 … 138

第10章 电动汽车空调系统 … 143
10.1 电动汽车空调的作用和特点 … 143
10.2 电动汽车空调制冷方式 … 144
10.3 温差电制冷 … 146
10.4 空调加热方式 … 148
10.5 涡漩压缩机 … 150
10.6 热泵式空调 … 151

第11章 电动汽车制动系统 … 161
11.1 电动汽车制动系统 … 161
11.2 电动真空泵 … 164
11.3 丰田普锐斯线控制动系统 … 167

参考文献 … 172

第1章 新能源汽车简介

学习目标

1. 简要说出电动汽车的类型。
2. 简要说出气体燃料汽车的类型。
3. 简要说出氢燃料汽车的类型。
4. 简要说出生物燃料汽车的类型。

情境引入

你的同学想买一辆新能源汽车,想咨询你一下,哪款类型的新能源汽车更适合他。另外,他还咨询你新能源汽车补贴的情况,你该如何回答。

1.1 新能源汽车概述

1.1.1 新能源汽车概念和类型

我国 2009 年 7 月 1 日正式实施了《新能源汽车生产企业及产品准入管理规则》,明确指出:新能源汽车是指采用非常规的车用燃料作为动力来源(或使用常规的车用燃料,但采用新型车载动力装置),综合车辆的动力控制和驱动方面的先进技术,形成的技术原理先进、具有新技术和新结构的汽车。

新能源汽车包括电动汽车、气体燃料汽车、生物燃料汽车、氢燃料汽车等。

1)电动汽车

配置大容量电能储存装置,行驶的里程中全部或部分由电机驱动完成的汽车统称为电动汽车。电动汽车包括纯电动汽车(图1-1)、混合动力电动汽车(图1-2)和燃料电池电动汽车(图1-3及图1-4),目前的新能源汽车主要是指以上3种电动汽车。

2)气体燃料汽车

气体燃料汽车包括天然气(图1-5)汽车、液化石油气汽车和两用燃料汽车。两用燃料汽车又分为两用非混合燃料汽车和两用混合燃料汽车。

图1-1 日产纯电动汽车聆风

图1-2 丰田混合动力汽车普锐斯

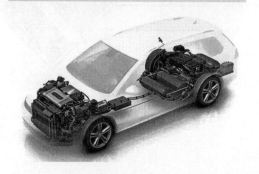

图1-3 奔驰燃料电池汽车

图1-4 韩国NEXO燃料电池汽车

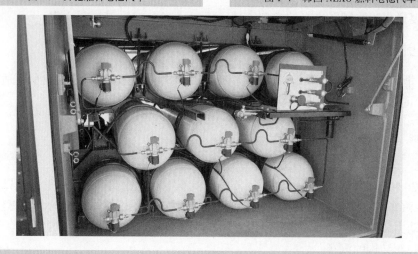

图1-5 压缩天然气(CNG)客车

（1）"两用非混合燃料"汽车是指具有两套相对独立的供给系统，一套供给天然气或液化天然气(LNG)，另一套供给天然气或液化天然气之外的燃料，两套燃料供给系统可分别但不可同时向汽缸供给燃料的汽车，如汽油/压缩天然气两用燃料汽车等。

（2）"两用混合燃料"汽车是指具有两套燃料供给系统，一套供给压缩天然气(CNG)或液化石油气，另一套供给天然气或液化石油气之外的燃料，两套燃料供给系统按预定的配比向汽缸供给燃料，在汽缸混合燃烧的汽车，如柴油—液化石油气双燃料汽车等。

两用非混合燃料汽车在出租车上较多见。目前，两用混合燃料汽车仍未批量生产。

3)生物燃料汽车

生物燃料汽车指燃用生物燃料(图1-6)或燃用掺有生物燃料的燃油(图1-7)的汽车,目前主要包括乙醇燃料汽车(E10乙醇汽油车)和生物柴油汽车。与传统汽车相比,生物燃料汽车结构上无重大改动(所以本书不讲),排放总体上较低,国内有一定的应用。

图1-6 沃尔沃生物燃料汽车

图1-7 长城生物燃料汽车

4)氢燃料汽车

氢燃料汽车是以氢气作为主要能量驱动的汽车。氢气内燃机在汽车上的应用方式有3种:纯氢内燃机、氢/汽油双燃料内燃机、氢—汽油混合燃料内燃机。

使用氢气为燃料的内燃机,其实研发早就已经有了一段时间,不过一直没有进入实际量产的阶段。不过在2006年7月17日,福特将全世界第一台量产V10氢气发动机(图1-8)下线以后,情况有了改变。这也使得福特成为全世界第一个把氢气发动机正式量产的车厂。这台6.8L机械增压的V10发动机,会提供给福特旗下的E-450氢气燃料客车(图1-9)使用。

图1-8 福特氢内燃发动机(Ford6.8L的V10)

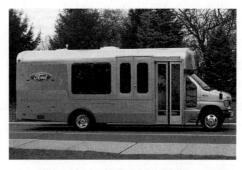

图1-9 E-450氢气燃料客车

当然,还有利用太阳能(图1-10)、原子能等其他能量形式驱动的汽车。原子能汽车中,1t的"钍"能制造出10亿Wh的电,利用"钍"作为汽车电力,只要8g就相当于加了6万UK-gal(加仑)的油,几乎等于该车使用到报废只需加一次,就不用再补充。凯迪拉克推出概念核动力车"WTF"(图1-11),WTF是WoRLd Thorium Fuel(钍燃料)的缩写,该车的两个后轮之间有一个微型铀元素核反应堆,能够把水变成高压蒸汽,进而驱动汽车前进。

上面提到的大多类型新能源汽车在我国还属于研发阶段,批量生产的较少。而天然气(CNG)和液化天然气(LNG)汽车尽管为新能源汽车,但因其技术较简单,同时主要应用在重型货车和大型客车上,所以很少专业性的介绍。当下批量生产的新能源汽车只有纯电动(EV)和插电式混合动力(PHEV)汽车。燃料电池汽车(FCEV)在中国的发展和日本发展相比差距较大,成本一直降不下来,还需要持续改进。

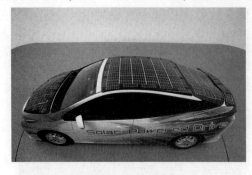

图1-10 丰田太阳能汽车

图1-11 凯迪拉克推出概念核动力车"WTF"

1.1.2 电动汽车概念和类型

1)纯电动汽车

纯电动汽车(Battery Electric Vehicle,BEV)是驱动能量完全由电能提供的、由电机驱动的汽车。电机的驱动电能来源于车载可充电储能系统或其他能量储存装置。

2)混合动力电动汽车

混合动力电动汽车(Hybrid Electric Vehicle,HEV)是能够至少从可消耗的燃料和可再充电能/能量储存装置中获得动力的汽车。按动力系统结构形式的不同,混合动力电动汽车可以分为串联式、并联式和混联式。

混合动力电动汽车的主要特点在于:采用小排量的发动机降低了燃油消耗;将制动和下坡时的能量回收到蓄电池中再次利用,降低了燃油消耗;在繁华市区,可关停内燃机,由电机单独驱动,实现"零"排放。

3)燃料电池电动汽车

燃料电池电动车(Fuel Cell Electric Vehicle,FCEV)是以燃料电池系统作为单一动力源或者是以燃料电池系统与可充电储能系统作为混合动力源的电动汽车。燃料电池电动汽车分为燃料电池混合动力电动汽车和纯燃料电池电动汽车两种类型。其特点主要表现在:燃料电池的能量转换效率可高达60%~80%,为内燃机的2~3倍;燃料电池零排放,不会污染环境。氢燃料来源不依赖石油燃料。

1.2 我国新能源汽车的发展

1.2.1 电动汽车发展的社会环境

汽车是现代社会的重要交通工具,为人们提供了便捷、舒适的出行服务。然而传统燃油车辆在使用过程中产生了大量的有害废气,如图1-12所示。另外,汽车数量增加造成了城市交通拥堵,并加剧了对不可再生石油资源的依赖。最后,油价的上涨和暴跌也影响着社会对电动汽车的需求。

1)在环境方面

如图1-12所示,交通能源消耗也是造成局部环境污染和全球温室气体排放的主要原因之一。调查研究表明,平均而言大气污染的42%来源于交通运输。据《2015中国环境状况公报》统计,全国338个地级以上城市中,有73个城市环境空气质量达标,占21.6%;265个城市环境空气质量超标,占78.4%。全国338个地级以上城市的PM2.5平均浓度为50μg/m³。

a) 柴油车对环境的污染

b) 汽油车对环境的污染

图1-12 汽车对环境的污染

2) 在汽车数量方面

我国汽车产销量保持快速增长,道路上拥挤的汽车流如图1-13所示。智研咨询发布的《2020~2026年中国新能源汽车行业发展风险评估及发展前景分析报告》数据显示:长期看,扩产周期仍处于早期,预计2025年中国汽车产量将达到3500万辆左右,新能源汽车占汽车产销量的20%以上,这意味着2025年中国新能源汽车产销量的目标为700万辆。

图1-13 道路上拥挤的汽车流

3) 在能源供给方面

由中石油经济技术研究院发布的《2018年国内外油气行业发展报告》显示,2018年我国天然气进口持续高速增长,超过日本成为全球第一大天然气进口国,对外依存度大幅攀升至45.3%,石油对外依存度也上升至69.8%。构建国家油气安全保障体系,提升国际油气市场话语权,成为当务之急。

4) 国际油价变动的影响

在2008年原油突破了140美元/桶,在2010年11月至2014年9月期间,国际原油月度平均价格有48个月都处于90美元/桶以上的水平。这段时间的油价维持高位促进了全世界对电动汽车研发、生产和销售。另外,也要注意到国际原油价格的暴跌也会在短时期延缓新能源汽车的发展。

1.2.2 发展电动汽车的社会效益和环境效益

1)污染小

纯电动汽车和燃料电池电动汽车在本质上是一种零排放汽车,一般无直接排放污染物,间接污染物主要产生于非可再生能源的发电与氢气制取过程。其污染物可以采取集中治理的方法加以控制;混合动力电动汽车在纯电动行驶模式下同样具有零排放的效果,同时由于减少了燃油消耗,CO_2 排放可降低 30% 以上。另外,电动汽车比同类燃油车辆噪声也低 5dB 以上,大规模推广电动汽车将大幅度降低城市噪声。

2)节约能源

据测算,传统燃油从开采到汽车利用的平均能量利用率仅为 14% 左右,采用混合动力技术后,能量利用率可以提高 30% 以上。纯电动汽车可以利用电网夜间波谷充电,提供了电网的综合效率。

3)优化能源消耗结构

我国已探明的石油储量仅占世界石油储量的 2%~3%,从 1993 年我国成为石油进口国。目前,我国交通运输的能源消耗约占石油总消耗的一半。由于电动汽车具有能源来源多元化的特点,各种可再生能源可以转化为电能或氢能加以有效利用;同时,利用电网对电动汽车进行充电,增加了电力在交通能源领域中的应用,减少了对石油资源的依赖,优化了交通能源构成。

1.2.3 我国新能源汽车发展现状

1)汽车销售

我国新能源汽车产业经过近 20 年的发展,产销规模突破 100 万辆,跃居全球第一。从全球新能源乘用车市场来看,我国已连续 4 年占据全球产销量第一。据 EV Sales 统计,2018 年全球新能源乘用车共销售 200.1 万辆,其中中国市场占 105.3 万辆,超过其余国家总和。

我国新能源汽车产业未来发展空间巨大。2019 上半年国内新能源汽车销售 61.7 万辆,同比增长 49.6%,其中乘用车 56.3 万辆,同比增长 57.7%。从渗透率来看,2018 年我国新能源汽车销量达到 125.6 万辆,约占全部汽车销量的 4.5%;到 2019 年 6 月截止,我国新能源汽车保有量约 344 万辆,而传统燃油车保有量达到 2.5 亿辆,新能源汽车保有量渗透率不到 1.4%,成长空间广阔。

2)双积分政策

以双积分政策为核心构建新能源汽车发展长效机制。2019 年 7 月工信部发布《乘用车企业平均燃料消耗量与新能源汽车积分并行管理办法》修正案(征求意见稿),主要体现出 3 点变化:

(1)传统燃油车油耗趋严,鼓励发展低油耗车型;

(2)NEV 积分下调,比例要求提高;

(3)NEV 积分允许结转,延续中小企业考核优惠。

新办法的出台意味着新能源汽车发展重回节能减排本质,国家大力发展新能源战略不变,但对能耗要求提高,鼓励低油耗车型、插电混动车型等多技术路线发展。新办法将推高新能源积分价值,托底新能源汽车增速,为行业长期发展保驾护航。合理假设情况下,新NEV积分政策可提升2021年、2022年、2023年新能源乘用车产量70万、75万、80万辆左右。

3)扩大对外开放

放开外资股比限制,扩大对外开放、鼓励国际竞争。外资车企股比限制放开,将提高外资新能源车企在华建厂的积极性。2018年6月发改委、商务部联合发布《外商投资准入特别管理措施(负面清单)(2018年版)》指出,从2018年7月28日起取消专用车、新能源汽车外资股比限制。该政策极大刺激了外资新能源车企在华建厂的积极性。国内动力电池市场也将重新迎来LG、三星等海外巨头。2019年6月工信部发布公告称,自2019年6月起废止《汽车动力电池行业规范条件》(以下简称《规范条件》),第一、第二、第三、第四批符合规范条件企业目录同时废止,动力电池领域竞争彻底放开。而目录废止后,动力电池领域将迎来更加激烈的行业竞争。

4)分级别

新能源乘用车呈现大型化、高端化趋势。我国新能源乘用车逐渐往大型化、高端化方向转型。2019年共销售50.7万辆纯电动汽车,其中A00、A型车分别销售13.7万、26.7万辆,A型车市场占有率52.7%,已取代A00成为纯电动汽车市场主力;2019年共销售13.7万辆混合动力电动汽车,其中A、B、C型车分别销售7.4万、4.9万、1.4万辆,A型车市场占有率54.0%,较2017年下降27.5个百分点。

纯电动汽车往高端车型转变,主要受政策和市场两方面因素驱动:①补贴政策要求续驶里程门槛提升。②市场端代步车销量下滑。A00车型主要是代步车,因成本小、价格低、叠加共享汽车市场爆发,补贴降低!

混合动力电动汽车往高端车型转变也受政策和市场两因素驱动,不过驱动因素有所不同:①双积分政策倒逼部分高端车企生产混合动力电动汽车;②明星车型出现,2018年上市的宝马530Le和2019年上市的奥迪A6Le皆为C型车,获得市场青睐,推动了混合动力电动汽车市场C型乘用车销量。

5)分终端

私人消费占比提升,私人消费者已成我国新能源汽车领域购买主力。2018年我国私人领域新能源汽车销售55.5万辆,占比53.9%,连续两年占比过半。公共领域新能源汽车销售47.5万辆,其中出租租赁、企事业单位、城市公交占大头,合计占据39.4%的市场份额。

1.2.4 正确自我认识

2019年国内新能源乘用车生产企业按照背景可分为三大阵营:传统自主品牌、造车新势力、外资品牌。目前造车新势力仍处于量产初期,仅蔚来、小鹏、威马、理想等少数几家企业实现量产交付,不过销量均未超过2万辆。

受此前股比限制与补贴影响,外资新能源车企发力较晚,当前主要以合资形式进入本土市场,如大众与江淮、宝马与长城、奔驰与比亚迪等。目前国内新能源乘用车市场仍是传统车企主导。2019年国内新能源乘用车市场销量前10名皆为传统汽车品牌。2019年商用车市场前10名占据76.0%的市场份额,相比2016年上升4个百分点。新能源客车市场集中度一直在提升,主要是由于存量市场的龙头品牌效应。

经过多年发展,目前三电技术水平快速提升,续驶里程提升明显。动力电池作为新能源汽车三大核心零部件之一,新能源汽车产业快速增长,直接催生了配套动力电池的技术进步。一方面动力电池正极材料从磷酸铁锂转向三元材料,另一方面由普通三元往高镍方向转变,两方面共同促进了动力电池系统能量密度的提升。我国新能源汽车用动力电池技术水平不断提升。本土动力电池厂商已处于全球第一阵营。

不过不要过于乐观,民企汽车毕竟起步时间短,起点低,技术和资金不能与国有企业相比,还会受到国有的中外合资汽车企业的市场挤压,导致民企全部徘徊在低档汽车的品牌和技术领域。在国外电动汽车大量进入,汽车向智能汽车转型,它们是否有力气和速度跟得上还有待观察。

1.3　新能源汽车补贴政策

1.3.1　补贴对象

1)国家补贴

首先明确的是不是所有的新能源车都可以获得补贴,《关于继续开展新能源汽车推广应用工作的通知》显示,纳入中央财政补贴范围的新能源汽车应是符合要求的纯电动汽车、插电式混合动力汽车和燃料电池汽车。其中"符合要求",是指新能源车辆需要进入《节能与新能源汽车示范推广应用工程推荐车型目录》,而进入该目录的车型,是从列入国家工信部《车辆生产企业及产品公告》中挑选出来的,而只有自主、合资等国产车型才会被列入这一公告中。

国家补贴和城市有关。如果满足示范城市或区域的条件,可编制新能源汽车推广应用实施方案,提交四部委,择优确定示范城市名单。也就是说,只有进入示范名单的城市才可以。

2)地方补贴

理论上,可以获得国家补贴的新能源汽车,也自然会得到地方政府补贴。但经过调查后发现,这种理论未必在任何地方都行得通。比如,在北京享受地方补贴的新能源车并不包括插电式混合动力车型,且只有进入北京市自己制定的《北京市示范应用新能源小客车生产企业和产品目录》的纯电动汽车、燃料电池电动汽车才能享受政府补贴。

2014年7月免征新能源汽车车辆购置税的决定在国务院常务会议上获得通过。这是继加大补贴力度、给予牌照优惠政策、加快充电桩建设后的又一政策。

1.3.2　新能源汽车补贴政策的变化

国家对2012年底示范运行的新能源汽车补助包括混合动力电动汽车、纯电动汽车、燃料电池电动汽车(乘用车和轻型商用车),按节油率和电功率比不同,补助标准也不同,对微混、中混、重混都有补助,最低0.4万元/辆,最高5.0万元/辆,纯电动汽车补助6万元/辆,燃料电池电动汽车补助25万元/辆。

2013年9月,国家相关部门出台了《关于继续开展新能源汽车推广应用工作的通知》,其中明确了在2013—2015年,对消费者购买新能源汽车继续给予补贴。但在《关于继续开展新能源汽车推广应用工作的通知》中对2013年新能源汽车(纯电动汽车和混合动力电动汽车)按纯电续驶里程(工况法)不同提供不同补助标准。如表1-1所示。

2013 年和 2014 年新能源车补贴对比（补助标准幅度降低 5%） 表 1-1

车 辆 类 型	纯电续驶里程 R（工况法）		
	80km≤R<150km	150km≤R<250km	R≥250km
纯电动汽车（2013 年）	3.50 万元/辆	5.00 万元/辆	6.00 万元/辆
纯电动汽车（2014 年）	3.325 万元/辆	4.75 万元/辆	5.70 万元/辆
包括增程式在内的混合动力电动汽车（2013 年）	R≥50km,3.50 万元/辆		
包括增程式在内的混合动力电动汽车（2014 年）	R≥50km,3.325 万元/辆		

2013 年 5 月《关于继续开展新能源汽车推广应用工作的通知》（以下简称《通知》）中，对混合动力公交客车没有补助，而只对纯电动客车和插电式混合动力客车给予补助。

（1）车长 6~8m 的电动客车补助 30 万元/辆，车长 8~10m 的电动客车补贴 40 万元/辆。

（2）车长 10m 以上的电动客车补助 50 万元/辆，插电式混合动力车补助 25 万元/辆。

（3）对超级电容器、钛酸锂蓄电池快充电动客车补助 15 万元/辆。

（4）对燃料电池乘用车和商用车补助分别为 20 万元/辆和 50 万元/辆。

（5）对纯电动专用车（邮政、物流、环卫等），以蓄电池能量（每千瓦时补助 2000 元）给予补助，每辆车不超过 15 万元。这是《通知》中专门列出对纯电动专用车给予补助。

这项政策对混合动力城市客车生产企业来说是沉重的打击，因为至 2012 年底，25 个示范运行城市示范运行车辆中 50% 以上为混合动力客车，各客车生产企业都在扩大推动混合动力客车，而纯电动客车的生产企业只有安凯、申沃、恒通等为数不多的几家。

2014 年新能源汽车补贴标准：按四部委 2013 年 9 月 13 日出台的政策，纯电动乘用车等 2014 年和 2015 年的补助标准将在 2013 年标准基础上下降 10% 和 20%。但新标准调整为：2014 年在 2013 年标准基础上下降 5%，2015 年在 2013 年标准基础上下降 10%，从 2014 年 1 月 1 日起开始执行。

从 2013 年开始补贴，直至 2020 年补贴标准连续下降。

财政补贴自 2017 年开始明显退坡，2019 年继续加速退出，2020 年后完全退出。从 2013 年至今，工信部联合其他部委先后发布 6 份新能源汽车购置补贴通知文件，4 次调整财政补贴标准引导市场走向：

（1）补贴下降力度加大。

（2）鼓励高能量密度、低电耗技术。

（3）补贴转向运营端和基础设施建设。2018 年 11 月四部委印发了《关于提升新能源汽车充电保障能力行动计划的通知》，要求引导地方财政补贴从补购置转向补运营，逐渐将地方财政购置补贴转向支持充电基础设施建设等环节。

 习题

1. 简要写出电动汽车的类型。

2. 简要写出气体燃料汽车的类型。
3. 简要写出氢燃料汽车的类型。
4. 简要写出生物燃料汽车的类型。
5. 简要叙述新能源汽车补贴的两种类型。
6. 简要说明国家新能源汽车发展的新政策。

第 2 章 典型纯电动汽车

学习目标

1. 简要说出吉利 EV450 纯电动汽车的主要组成。
2. 简要说出吉利 EV450 纯电动汽车的传动系统组成。
3. 简要说出客车纯电动汽车的传动系统组成。

情境引入

小林父亲购买了一辆吉利 EV450 纯电动汽车,想听他介绍一下这款车的一些知识。

2.1 典型纯电动汽车组成

目前,商品化的电动汽车为单电机结构。多电机结构由于成本高、技术控制难度大,经常在电动汽车原理性教材中介绍其优越性。未来,多电机结构在商品化轿车中的必要性也不是很大,所以,本书仅针对单电机结构的电动汽车叙述。

2.1.1 单电机轿车

图 2-1 所示为纯电动前驱电动汽车,单电机轿车驱动采用锂离子蓄电池、电动汽车变频器、电机三部分组成的动力系统,由两级减速器和差速器组成动力传动系统,动力系统和动力传动系统组成了电动汽车的电力驱动系统。

电力驱动系统工作原理如下:锂离子蓄电池的电能经正、负两条供电电缆加到变频器上,变频器将直流电变换为三相交流电给电机,电机转动后,转速经减速器里的两级主减速器降速增矩后到达差速器,经差速器两侧半轴传给驱动车轮。

电子换挡杆位于 D 挡时电机正转,位于 R 挡时电机反转,位于 N 挡时电机停转,位于 P 挡(或按下 P 挡开关)时驻车电机经减速机构制动驻车棘轮,阻止驱动轮转动。

2.1.2 单电机客车

如图 2-2 所示为纯电动客车,客车采用后轮驱动形式,与前轮驱动图 2-1 相比主要是采用了两挡或三挡的变速器以增加电机的效率。通过在客车上增加变速器,可降低动力电池的电压、变频器的容量和电机的功率,从而在一定程度上降低电动汽车成本,也降低了传动系统的噪声。

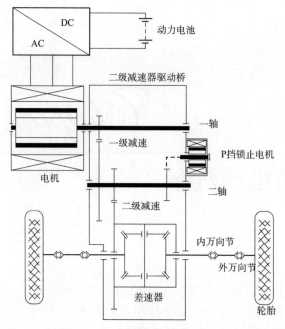

图 2-1 纯电动汽车电力驱动系统组成(前驱车型)

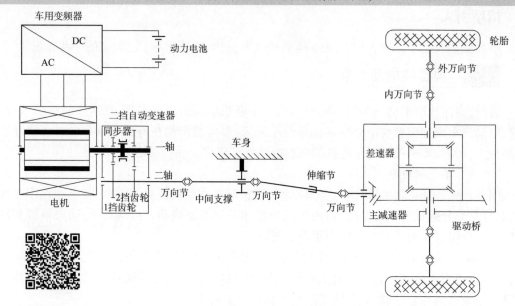

图 2-2 纯电动客车电力驱动系统

其电力驱动系统工作原理如下:锂离子蓄电池的电能经正、负两条供电电缆加到变频器上,变频器将直流电变换为三相交流电供给电机,电机转动后,转速经变速器里的两挡变速系统降速增矩后到达传动轴,经传动轴到主减速器到差速器,经差速器两侧半轴传输给驱动车轮。

同样也是电子换挡杆位于 D 挡时电机正转,位于 R 挡时电机反转,位于 N 挡时电机停转。

客车的 P 挡制动系统(或按下 P 挡开关)与传统汽车相同。例如在液压制动的汽车上,中小型车上采用中间传动轴制动方式。在大型客/货车通常采用气压制动的汽车上,通过解除(放掉)制动缸中气压实施弹簧制动,实现后轮驻车制动(通常也是驱动轮)。

对于国内一些低档客车也有采用取消变速器的形式,这种车型通常是试制中的产品。取消变速器的形式不仅增加了客户购车时动力电池、变频器和电机的成本,也增加了未来电动客车的使用成本。

2.2 国内典型纯电动汽车

2.2.1 吉利 EV450

吉利纯电动汽车系列有 EV300、EV350、EV450、EV500 等,都是按续驶里程命名的,早期的 EV300 已不再销售,EV450 整车见图 2-3 所示。

吉利 EV450 前舱中直接可见的元件(图 2-4)包括带有 DC/DC 变换器功能的变频器和车载充电机。

图 2-3 吉利 EV450 整车

图 2-4 吉利 EV450 前舱内元件

2.2.2 比亚迪 E5

比亚迪新能源汽车有王朝系列和 E 系列,王朝系列的汉(轿车)、唐(SUV)、宋(SUV)、秦(轿车)、元(SUV)都有相应的纯电动汽车,E 系列有 E1(微型 SUV)、E2(小型 SUV)、E3(轿车)、E5(轿车)和 E6(中型 SUV)等。E5 如图 2-5 所示。

2.2.3 东风启辰

东风启辰电动汽车系列包括 T60EV(紧凑型 SUV,如图 2-6 所示)、D60EV(轿车)、E30(小型 SUV)等。

图 2-5 比亚迪 E5 纯电动汽车

图 2-6 东风启辰 T60EV(紧凑型 SUV)

2.2.4 特斯拉 MODEL3

特斯拉电动汽车系列包括 MODELS(类超跑轿车)、MODEL3(类超跑轿车,如图 2-7 所示)、MODELX(类超跑 SUV)、MODELY(类超跑 SUV)等。

2.2.5 典型纯电动汽车结构和功能

典型纯电动汽车主要部件位置如图 2-8 所示。

典型纯电动汽车整车主要部件功能:三相牵引电机用于驱动汽车;12V 蓄电池用于全车控制系统和汽车电气;减速器为固定速比的减速器;锂离子蓄

图 2-7 特斯拉 MODEL3

电池高压部件提供 300~400V 的电压;DC/DC 变换器的作用是将锂离子高压直流转换为低压 12V 直流给 12V 铅酸蓄电池充电;逆变器的作用是将蓄电的高压直流转换为三相交流;维修塞的作用是维修时断开高压;电动压缩机采用逆变控制电机转速来驱动压缩机,用于制冷和制热;随车充电器将家用 220V 交流转成 220V 直流,再转换成直流标称电压 403.2V;PTC 加热器采用正温度系数电阻制成,采用高压为车内部驾驶人取暖;电力备份单元内置电容器组,在 12V 蓄电池出现故障时,耗放电能;充电口用于直流快充和交流慢充。

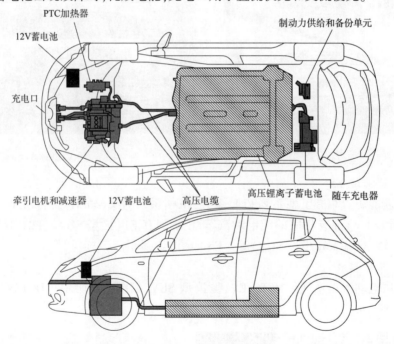

图 2-8 典型纯电动汽车整车主要部件位置

习题

1. 简要写出轿车纯电动汽车传动系统组成。
2. 简要写出客车纯电动汽车传动系统组成。

第3章 典型混合动力电动汽车

学习目标

1. 简要说出混合动力电动汽车省油四原则的内容。
2. 简要说出混合动力电动汽车系统串联的原理和特点。
3. 简要说出混合动力电动汽车系统并联、轻混的原理和特点。
4. 简要说出混合动力电动汽车系统并联、中混的原理和特点。
5. 简要说出混合动力电动汽车系统混联、重混的原理和特点。
6. 简要说出混合动力电动汽车插电、非插电汽车的特点。

情境引入

小林的父亲想买一辆混合动力电动汽车,但是对混合动力电动汽车的特点和分类不是很清楚,想听他介绍一下混合动力电动汽车的一些知识。

3.1 混合动力电动汽车省油特点分析

3.1.1 发动机省油四原则

1) 使用小排量发动机

使用小排量发动机也称降排量(Downsize),以提高发动机的负荷率,达到省油的目的。说到降排量可对比一下传统发动机的断缸控制,断缸控制就是利用小负荷工况采用少数汽缸工作,以达到省油的目的。如果能用电机在急加速、大转矩助力,小排量发动机足够汽车使用,汽车行驶时发动机的功率实际很低,一般不足发动机最大功率的1/3。

2) 怠速起停技术

该系统的工作原理是,当遇到红灯或堵车时,车速低于3km/h,发动机将自动熄火;当驾驶员重新踏下离合器、加速踏板或松抬制动踏板的瞬间,起动机将快速起动发动机。使用该技术,在综合工况下可节油5%~10%、减少CO排放5%,在拥堵的市区节能效果能达到10%~15%,还能减少CO排放、噪声污染以及发动机积炭。

3)工作在经济区

调节发动机负荷率,使发动机多数情况下能工作在燃油经济区,发动机负荷小时让发动机发电以提高负荷率,这时多余机械能量转化为电能,发动机负荷大时为满足最大功率要求,这时由电机助力。

4)制动能量回馈

制动或减速时能进行制动能量的回馈,可以将汽车滑行的能量回馈到蓄电池。

但汽车制动系统需要有较大改进才能实现能量回馈,比如 ABS/ESP 系统开发商要开发与电动汽车相适应的制动系统电控单元和液压调节器。

3.1.2 节油贡献率

混合动力电动汽车的节油控制策略如表 3-1 所示。

混合动力电动汽车的节油控制策略　　　　表 3-1

序 号	控 制 策 略	功能具体描述	节油贡献率(%)
1	发动机起停	消除停车时的发动机怠速运转,降低油耗	3~5
2	纯电动驱动	(1)车辆低速行驶时,由电机驱动,解决发动机小负荷运行的低效率问题; (2)发动机停机,达到零油耗和排放	5~10
3	电机助力	(1)急加速、大负荷工况行驶时,电机助力,保证必需的加速性; (2)利于发动机维持在经济区运行; (3)后置电机可以保持动力无中断,改善平顺性	5~8
4	发动机单独驱动	正常行驶由发动机单独驱动	5~10
5	发动机驱动并充电	发动机驱动,同时,电机发电,维持发动机工作在经济区,为蓄电池充电,维持动力电池电量平衡	5~7
6	再生制动	(1)滑行、制动时,电机按比例再生发电,充分回收制动能量; (2)对轿车,更需要与 ABS/EBS 协调控制	7~10

3.1.3 混合动力电动汽车工况控制

1)起动纯电动行驶工况

从发动机和电机的转速—转矩特性图可知,初始起动阶段,发动机的转速和转矩成正比趋势,在转速较低时,发动机输出转矩较小;而电机的转速、转矩成反比,在低转速下具有良好的转矩特性。为了克服传统轿车起动时,发动机在较大负荷下由静止达到稳定转速的过程中燃油经济性和排放都较差的问题,一般情况下都由电机起动整车进入纯电动驱动工况;而当蓄电池荷电状态(State of Charge,SOC)低于设定的下限值时,由发动机起动整车。

2)低速小负荷行驶工况

在轻载或低速行驶工况,若蓄电池 SOC 低于设定下限值 SOC-low,发动机起动工作,并恒定工作在设定的某一转矩,在驱动汽车行驶的同时,驱动电机给蓄电池组充电直到 SOC 达到设定下限值 SOC-low 与上限值 SOC-hi 的平均值 SOC-ave;若 SOC 不低于设定下限值 SOC-low,发动机处于关闭状态,由电机单独工作驱动汽车行驶工况。通过设定合理的发动机最小工作转矩和发动机最低工作转速,可在满足驾驶员行驶意图的同时,避免发动机工作于怠速与低转矩运行工况,从而大大改善了整车燃油经济性能和排放性能。

3)中速中负荷行驶工况

中速中负荷行驶工况(即巡航工况)是行驶的主要工况,该工况汽车的行驶功率全部由发动机提供。若蓄电池的 SOC 低于设定平均值 SOC – ave,发动机在驱动汽车行驶的同时,驱动电机给蓄电池组充电;若 SOC 不低于设定的平均值 SOC – ave,电机处于关闭状态,发动机单独工作驱动汽车行驶。

4)加速和高速行驶工况

在加速和高速行驶工况,发动机和电机必须联合协调工作,才能让汽车获得良好的动力性能。当蓄电池 SOC 小于下限值 SOC-low 时,发动机功率仅用于驱动汽车行驶;当蓄电池 SOC 大于下限值 SOC-low 时,电机和发动机共同工作驱动汽车行驶。

5)减速制动行驶工况

在减速制动工况下,根据蓄电池 SOC 和整车制动转矩需求,电机再生制动系统和机械制动系统可单独工作或同时工作。

6)人为纯电驱动行驶工况

为了节油,纯电动行驶模式按钮被按下时,整车进入纯电动驱动工况,尽最大努力以纯电动行驶。或当油箱燃油量无法供应时(比如油箱无油),为了满足移动车辆,防止阻碍交通的需要,使用最后的蓄电池能量进行纯电驱动行驶。

3.2 混合动力电动汽车分类

混合动力电动汽车通常按串并联、混合度和是否能充电进行分类。

3.2.1 按串并联分类

1)串联式

串联式混合动力也称为"增程式"电动汽车。如图 3-1 所示为串联式混合动力汽车基本结构和简化结构示意图。串联式混合动力汽车的工作方式就是用传统内燃机直接通过电机为蓄电池充电,然后完全由电机 2 提供的动力驱动汽车。其目的在于使内燃机长时间保持在最佳工作状态,从而达到节油减排的效果。具体说内燃机输出的机械能首先通过电机 1 转化为电能,转化后的电能一部分用来给蓄电池充电,另一部分经由电机 2 和传动装置驱动车轮。和燃油车比较,它是一种内燃机辅助型的电动车,主要是为了增加车辆的续驶里程。由于在内燃机和电机之间的机械连接装置中没有离合器,因而它有一定的灵活性。尽管其传动结构简单,但它需要 3 个驱动装置:内燃机、电机 1(发电机)和电机 2(电动机)。如果串联混合型电动车设计时考虑爬长坡,为提供最大功率 3 个驱动装置的尺寸就会较大,如果用作短途运行如当通勤车用或只是用于购物,相应的内燃机、电机装置应采用低功率的。这种形式的好处是内燃机可以不受行驶状态的影响,一直处于最佳工作状态,对于改善节能排放大有好处,但转换效率偏低。丰田曾经将这种串联形式应用在考斯特上,并进行了批量生产。

工作过程:

(1)纯电驱动工况:蓄电池—变频器 2—电机 2—变速器—车轮;

(2) 起动内燃机:蓄电池—变频器1—电机1—内燃机;

(3) 车辆原地发电:内燃机—电机1—变频器1—蓄电池;

(4) 行驶中串联:内燃机—电机1—变频器1—蓄电池—变频器2—电机2—变速器—车轮。

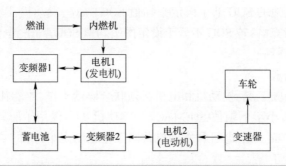

图 3-1　串联混合动力电动汽车简化结构示意图

2) 并联式

如图 3-2 所示并联式混合动力电动汽车示意图和简化结构,所谓并联式混合动力,就是说电动机和内燃机并行排布,动力可以由两者单独提供或是共同提供。在并联混合动力系统中,电动机同时也是发电机,其作用是让内燃机尽量工作在最有效率状态,达到节油的效果。并联混合动力汽车受电动机和蓄电池能力的限制,仍然要以内燃机为主要动力。但由于保留了常规汽车的动力传递形式,在效率上更高。

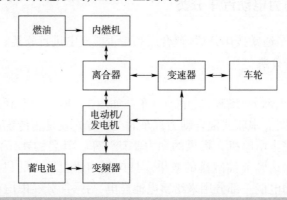

图 3-2　并联式混合动力汽车简化结构

具体说与串联式混合动力电动汽车不同的是,并联式混合动力电动汽车采用内燃机和电动机两套独立的驱动系统驱动车轮。内燃机和电动机通常通过不同的离合器来驱动车轮,可以采用内燃机单独驱动,电动机单独驱动或者内燃机和电动机混合驱动 3 种工作模式驱动。从概念上讲,它是电力辅助型的燃油车,目的是为了降低排放和燃油消耗。当内燃机提供的功率大于驱动电动车所需的功率或者再生制动时,电动机工作在发电机状态,将多余的能量充入蓄电池。与串联式混合动力电动汽车比较,它只需两个驱动装置内燃机和电动机,而且,在蓄电池放完电之前,如果要得到相同的性能,并联式比串联式混合动力电动汽车的内燃机和电动机的体积要小。即使在长途行驶时,内燃机的功率可以达到最大,而电动机的功率只需发出一半即可。

工作过程:

(1)纯电动工况:蓄电池—变频器—电动机(离合器断开)—变速器—车轮;

(2)内燃机起动:蓄电池—变频器—电动机—离合器闭合—内燃机;

(3)车辆原地发电:内燃机—离合器闭合—发电机—变频器—蓄电池;

(4)行驶中并联:第一路为内燃机—离合器闭合—变速器—车轮,第二路为蓄电池—变频器—电动机—变速器—车轮;

(5)能量回收:车轮—变速器—发电机—变频器—蓄电池。

3)混联式

如图 3-3 所示为混联式混合动力电动汽车简化结构,混联形式顾名思义就是结合了并联和串联两种形式的优点。其在并联的基础上,将发电机和电动机分离开,这样电动机在运转过程中也能进行充电,使车辆能以串联和并联两种形式工作。目前的混合动力汽车基本属于这种模式。具体说:混联式混合动力电动汽车在结构上综合了串联式和并联式的特点,与串联式相比,它增加了机械动力的传递路线;与并联式相比,它增加了电能的传输路线。尽管混联式混合动力电动汽车同时具有串联式和并联式的优点,但其结构复杂,成本高,不过,随着控制技术和制造技术的发展,现代混合动力电动汽车更倾向于选择这种结构。

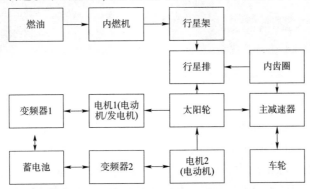

图 3-3 混联式混合动力汽车简化结构

工作过程:

(1)纯电动工况:蓄电池—变频器 2—电机 2—主减速器—车轮;

(2)起动内燃机:蓄电池—变频器 1—电机 1—行星排太阳轮(内齿轮固定或转动)—行星架—内燃机;

(3)车辆原地发电:内燃机—行星排内齿圈(内齿轮固定)—太阳轮—电机 1—变频器 1—蓄电池;

(4)行驶中串联:内燃机—行星排内齿圈(内齿轮转动)—太阳轮—电机 1—变频器 1—蓄电池—变频器 2—电机 2—主减速器—车轮;

(5)行驶中并联:内燃机—行星排的行星架—行星排的内齿圈—主减速器—车轮,同时加上串联过程中电机 2 的输出。

3.2.2 按照混合度分类

混合度指的是电系统功率占动力源总功率的百分比,动力源系统总功率为蓄电池给电动机的功率和发动机的功率之和。按混合度混合动力汽车可分为微混、轻度混、中度混合、重度混合4种。或也可去掉微混,分为轻度混合、中度混合、重度混合3种。

1) 微混

混合度小于等于5%的称为微混合动力,微混也称起停(Stop-Start)式。

在交通拥堵的城市,可以实现节油率5%~10%。微混合动力车型的电动机基本不具备驱动车辆的功能,一般是用作迅速起动发动机,实现Stop-Start功能。

例如,双人迷你型混合动力电动汽车(Smart for Two MHD)如图3-4所示,别克君越ECO-Hybrid(图3-5)等就属于这种类型。优点是汽车结构改变很小,成本增加很少,易于实现;已成为很多乘用车的标准设置。主要缺点是:当停车需要空调时,不起作用;推广"起停式"结构,需要提高公众的节能意识;学术界有人认为"起停式"算不上混合动力系统,因为确实没有发动机和电动机同时输出动力的工况。

图3-4 Smart for Two MHD

图3-5 别克君越 ECO-Hybrid

2) 轻混

混合度在5%~15%的为轻度混合动力。在这种类型中,发动机依然是主要动力,电机不能单独驱动汽车,只是在爬坡或加速时辅助驱动,平时主要使用发动机动力,蓄电池、电机在汽车加速爬坡时提供辅助动力,同时具有制动能量回收和起停功能;发动机排量可减少10%~20%,节油率可达到10%~15%;技术难度相对小,成本增加不多。如图3-6所示为典型的奔驰S400混合动力早期款,其锂离子蓄电池位置如图3-7所示。

图3-6 奔驰S400混合动力电动汽车

图3-7 锂离子蓄电池位于发动机空调箱内

轻混合动力电动汽车的特性:车辆停止时,关闭发动机。起步和加速时电机起辅助发动机作用。减速/制动时,发动机依据传统电控发动机系统控制而执行断油模式,并将获得的再生制动能量充入蓄电池。有技术结构较简单、成本低、应用广泛的优势。

3) 中混

混合度在15%~40%的为中度混合动力。较轻混型相比蓄电池数量增加,电机功率增加,实现了电机能单独驱动汽车。因而有技术结构较简单、成本低、应用广泛的优势。国内大多合资产的混合动力电动汽车是这种类型。典型车辆比如新款的奥迪Q5(图3-8)及奔驰A350(图3-9)混合动力等。

图3-8 奥迪Q5混合动力电动汽车　　　图3-9 奔驰A350混合动力电动汽车

4) 重混

混合度在40%以上的为重混合动力。中混和重混这两类车型可由电动机或发动机单独驱动汽车行驶,丰田普锐斯就属此类。重混合动力电动汽车的电动机和发动机可以分别独立或联合驱动车辆,低速起步、倒车和低速行驶时可以纯电动驱动,同时具有制动能量回收和"起停"功能;电动机的功率约为发动机功率50%,节油率可达到30%~50%;技术难度较大,成本增加多;典型的车型是凯迪拉克CT6(图3-10)插电式混合动力,丰田普锐斯(Prius),如图3-11所示。

图3-10 凯迪拉克CT6插电式混合动力电动汽车　　　图3-11 丰田普锐斯(Prius)混合动力电动汽车

3.2.3 按能否外接电源充电分类

按能否外接电源进行充电,分为非插电式混合动力电动汽车(Hybrid Electric Vehicle, HEV)和插电式混合动力电动汽车(Plug-in Hybrid Electric Vehicle, PHEV)两种。

1) 非插电式混合动力汽车(HEV)

混合动力系统不能外接充电,蓄电池的电能在下降一定数值,比如60%时,由发动机工作带动高压发电机给蓄电池充电,大多数这种充电是在发动机处于高效率工况时。

2) 插电式混合动力汽车(PHEV)

插电式混合动力系统是根据欧美驾车习惯而来,能外接充电更有利于节能减排。国外研究机构根据资料统计得出结论,法国城镇居民80%以上日均驾车里程少于50km,美国汽车驾驶者也有60%以上日均续驶里程少于50km,80%以上日均续驶里程少于90km。因此,在车辆上安装一套巨大的蓄电池组,使其电量足以撑过这一历程,就可以在大部分日常行驶中达到零排放。插电式混合动力汽车示意图见图3-12。

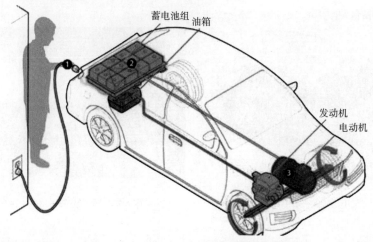

图3-12 插电式混合动力电动汽车示意图
1-充电插头;2-蓄电池组;3-电动机

插电式混合动力的特征是可由电能单独驱动汽车,并配备一个大容量的可外部充电的蓄电池组,显著的特性是可通过停车场的380V或家庭220V交流电源进行充电,也可通过充电站的直流充电桩进行快速充电。插电式混合动力汽车电机的功率接近发动机,可实现较长距离的纯电动行驶,蓄电池容量依纯电动续驶里程来选定,蓄电池成本增加很多,节油率在不计电能时最大可达到100%。

比亚迪F3 DM,雪佛兰VOLT以及奔腾B50插电式混合动力轿车都属于这种类型。

3.3 微混型混合动力系统

3.3.1 微混功能

轻混型混合动力系统的车辆具有以下四种功能:
(1)发动机怠速起停功能;
(2)制动或减速实现再生制动发电功能;
(3)电机有高压发电功能;
(4)采用小功率电机,仅有小功率辅助发动机加速的功能。

【注意】如果没有(4)的功能,仅有前3个功能是谈不上是混合动力汽车的,仅能称其为发动机有起停的功能。

3.3.2 微混结构

如图3-13所示为皮带式微混系统,采用36V或更高电压的ISG(Integrated starter & generator 集成起动/发电)电机,将ISG电机放在传统汽车发电机的位置,通过ISG电机驱动皮带来驱动发动机曲轴帮助发动机实现起停或加速助力,也可利用此ISG电机在发动机小负荷时发电,这种结构也通常被称为 Belt Alternator Starter 或 Belt Starter Generator 系统,即 BAS 或 BSG 混合动力系统,注意这个电机的功率较大时才能称为轻混。

【注意】传统燃油汽车的怠速起停功能有强化起动机起动和强化电动/发电机(ISG)起动两种方式,但只有强化电动/发电机起动这种类型才为微混型。

图 3-13 皮带式微混

君越混合动力系统结构如图 3-14 所示,包括起动机/发电机总成 MGU(Motor/Generator Unit)、起动机/发电机功率控制模块 SGCM(Starter/Generator Control Module),也称变频器、36V 镍氢蓄电池组(Ni-MH)、12V 铅酸蓄电池。

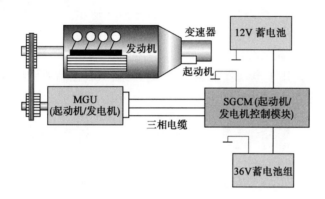

图 3-14 君越 BAS 混合动力系统结构

工作过程:

1) 燃油供给阶段

指发动机正常工作,与正常汽柴油汽车一样消耗燃油。

2) 加速电动机助力

当驾驶员踩下加速踏板比较深时,通过电动机对车辆进行电动助力。

3) 智能充电阶段

指电动机由发动机带动旋转,蓄电池组尽可能地从发动机小负荷工作过程中,通过发电增加发动机负荷。

4) 减速断油阶段

指当车辆进入滑行阶段或停下来后,发动机被切断燃油供应,在某些滑行期间,为了保证传动系转矩的平顺性,电机也将转动。

5) 再生制动阶段

指当车辆减速时,发动机停止供油,变矩器锁止,车辆带动发动机转动,电动机此时作为发电机进行发电,发电机相当于车辆的负载,对车辆有制动作用(类似于发动机制动),系统进入再生制动阶段。

3.4 轻混型混合动力系统

3.4.1 轻混功能

轻混型混合动力系统的车辆具有以下 4 种功能。
(1) 发动机怠速起停功能;
(2) 制动或减速实现再生制动发电功能;
(3) 电机有辅助驱动功能;
(4) 电机有高压发电功能。

混合动力控制单元(Hybrid Control Unit,HCU)会根据驾驶员请求(加速踏板踏下深度)、蓄电池箱能量存储单元的状态(能允许放出的电能)、电驱动系统状态(停车、行车)以及整车车辆状态等控制 ISG 电机的工作模式,自动实现以上 4 种功能。

3.4.2 轻混结构

早期的奔驰轻混型混合动力其主要零部件如图 3-15 所示。由高压锂离子蓄电池模块、电机功率模块、电动机组成的电动助力系统;DC/DC 变换器为直流电压转换系统;转向系统采用了 HEPS 液压电动转向系统;功率控制器如电机控制器和 DC/DC 采用了双电动冷却循环泵的设计;制动系统采用了电动真空泵、真空助力器、ABS 控制单元配合电动机实现再生制动;空调采用电控电动压缩机。

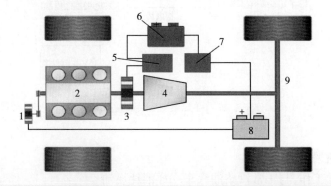

图 3-15　奔驰 400 的混合动力系统结构
1-12V 发电机;2-内燃机;3-电动机;4-7 速变速器;5-锂离子蓄电池;6-电力电子控制模块;7-DC/DC 变换器;8-12V 蓄电池;9-驱动桥

3.5 中混型混合动力系统

3.5.1 中混功能

中混型混合动力系统的车辆具有以下 5 种功能。
(1) 有纯电动驱动功能;
(2) 有发动机怠速起停功能;
(3) 有制动或减速实现再生制动发电功能;
(4) 电机有辅助驱动功能;
(5) 电机有高压发电功能。

3.5.2 中混结构

目前许多中混型混合动力电动汽车采用如图3-16所示的结构。

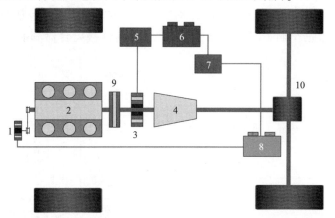

图3-16 中混型混合动力系统结构

1-12V发电机；2-内燃机；3-电机；4-7速变速器；5-锂离子蓄电池；6-电力电子控制模块；7-DC/DC变换器；8-12V蓄电池；9-离合器；10-驱动桥

工作原理：离合器9为常开式，电机3单独工作实现纯电动工况；当蓄电池电量低或驾驶员踩下加速踏板深度大时离合器9由常开转为常闭式，实现并联混动，其余工况与轻混型相同，不再赘述。

3.6 通用Volt串联型混合动力电动汽车

3.6.1 增程式电动汽车

雪佛兰Volt是通用汽车雪佛兰品牌的增程式电动汽车，它是目前世界最有影响力的串联型混合动力车型。在中国称为沃蓝达，技术先进。

增程式纯电驱动汽车(Extended-Range Electric Vehicle，E-REV)，也就是串联式混合动力电动汽车，因其只有电机驱动，有时有人也称为纯电动汽车。

3.6.2 串联混合动力基本结构

串联式混合动力汽车的化学能、电能、机械能传递示意如图3-17所示。

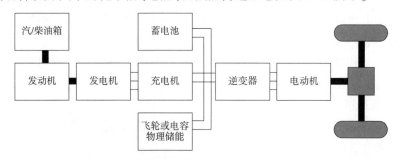

图3-17 串联式混合动力化学能、电能、机械能传递示意图

3.6.3 Volt动力系统结构

美国通用公司的Volt增程式电动汽车于2010年7月在北美上市，是世界首款量产增程

式汽车,其结构示意如图 3-18 所示。增程器由 1.4L 汽油发动机和永磁直流发电机组成。在 Volt 中,主驱动电机和发电机与行星齿轮机构集成设计,称之为 Voltec 系统。两台电机之间通过行星齿轮机构驱动车辆。与前述基本结构不同的是,Volt 还包括两个离合器 C_1、C_2 和一个制动器 B。根据车辆不同的行驶模式,通过控制这些离合器和制动器使得发电机处于不同的工作状态。

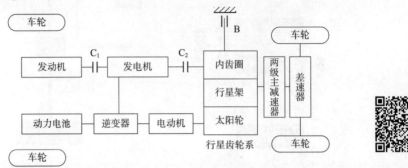

图 3-18　通用雪佛兰 Volt 沃蓝达的化学能、电能、机械能传递过程

3.6.4　工作模式

通用雪佛兰 Volt 沃蓝达的化学能、电能、机械能传递过程参考图 3-15 所示。

1) 模式 1（低速纯电力驱动）

在该模式下,齿圈被制动器 B 锁止,而离合器 C1 与离合器 C2 均处于脱开状态。故发电机与发动机以及行星齿轮均无接触,两者都不工作。太阳轮通过行星齿轮减速后将动力传输给行星齿轮架和输出轴驱动车轮,因而车辆仅由主驱动电机驱动。

2) 模式 2（高速纯电力驱动）

随着车速提升,主驱动电机的转速也随之加快。考虑到保护主驱动电机 MG2 为降低转速,就不适合再仅仅由单电机驱动。因此,这一模式被设计成离合器 C1 分离,离合器 C2 结合,发电机与齿圈连接,发电机 MG1 和电机 MG2 合力驱动车辆。此时发电机 MG1 从动力电池中获取能量以输出动力。实现双电机驱动,使得主驱动电机转速从 6500r/min 降低至 3250r/min。但是,请注意,内燃机没有参与到提供动力的进程中来。

3) 模式 3（低速增程）

当 Volt 的蓄电池组达到其设定的电量剩余临界点时,第三种模式将启动。离合器 C1 和制动器 B 工作,此时发动机就会直接去驱动电机 MG1 进行发电,而由于齿圈固定不转,车辆仍然是由主驱动电机 MG2 驱动。主驱动电机从蓄电池以及由发动机带动发电机产生的电力组合中获取电能,从而驱动车辆。

4) 模式 4（高速增程）

与模式 2 一样,双电机驱动模式将再次启用。制动器 B 脱开,离合器 C_1、C_2 同时接合。车辆的驱动力来自电动机和发动机的动力耦合。

3.6.5　发动机

通用雪佛兰 Volt 沃蓝达的动力总成如图 3-19 所示,4 汽缸内燃机带动发电机可输出 53kW 的充电功率,为蓄电池充电和行驶时提供能量。

图 3-19 通用雪佛兰 Volt 沃蓝达的动力总成

3.6.6 T 型动力电池箱

Volt 的 T 型动力电池箱(图 3-20)内部有超过 288 包蓄电池(96 组),电压 386.6V,总质量大约 170kg,可提供 16kW·h 电量,不过动力电池实际可放能量约为 8.8kW·h。Volt 内含 16kW·h 锂离子蓄电池和车载充电机,控制器显示蓄电池电量充到 85%SOC 时认为蓄电池饱和,随车会配置 120~240V 住宅式的交流插头和电缆。这样设计是为了防止蓄电池过充和过放,而在 SOC 为 85% 荷电状态时认为蓄电池已充满,在 SOC 为 30% 荷电状态认为电量放光。汽油发动机监测到电量低于 30% 这个水平的时候会自动起动发动机拖动发电机发电,将电量维持在 SOC 为 30% 以上,即不再允许蓄电池放电,适时可以给蓄电池充电或等待回家充电。

图 3-20 Volt 的 T 型动力电池箱

Volt 最终上市的蓄电池包质量应该在 170kg,蓄电池运行的最低温度在 0~10℃ 的范围内,当 Volt 在寒带地区使用的时候,会考虑在插电充电时候,先加热蓄电池然后再进行充电和工作,锂离子蓄电池低温充电易损坏,也很难充入电能。

电力控制单元(ECU)依靠蓄电池电量表(SOC)的存量来控制何时起动汽油发动机,加一次汽油发出的电能加充在蓄电池中的能量可让这台电动机在纯电动状态下行驶 1030km。

通用将 Volt 设计成串联式混合动力汽车,也被称为增程式电动汽车(图 3-21),它由车载充电机(Plug-in)、锂离子蓄电池组(Li-Ion Battery Pack)、汽油机带动的发电机(Petrol Engine and Generator)、电动机(Electric Motor)等机构组成。

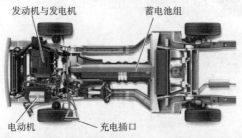

图 3-21 通用 Volt 增程式电动汽车

3.7 第二代普锐斯(Prius)混联型混合动力电动汽车

3.7.1 丰田普锐斯品牌

丰田普锐斯是史上第一款量产的混合动力电动汽车,1997 年量产上市,不过中国区域普锐斯是在 2001 年上市第一代,到 2004 年推出第二代,2009 年 4 月丰田第三代普锐斯上市,2016 年丰田第四代普锐斯上市。丰田普锐斯是史上第一款销售量超 100 万辆的混合动力电动汽车,自 1997 年量产上市以来,2007 年在全球 40 多个国家的销售数量接近 120 万辆,其中美国、日本分别超过 70 万辆、30 万辆,美国市场的月销量都接近于 1.5 万辆,占美国同期混合动力汽车市场 50%。

截至 2017 年 1 月底,丰田混动车型在全球累计销量已达 1004.9 万辆,在业内占据了绝对优势。

3.7.2 丰田普锐斯部件

1) HV 蓄电池

第三代普锐斯(Prius)的 HV 蓄电池由 168 个单体蓄电池组成(1.2V×6 单体×28 组),额定电压为 DC 201.6V。通过这些内部改进,蓄电池箱具有紧凑、质量轻的特点。单体蓄电池之间为双点连接,这样的改进使蓄电池的内部电阻得以降低。变频器总成中配有增压变换器。它可以将 HV 蓄电池输出的额定电压 DC 201.6V,增压到最大值 DC 500V。电机 MG1、电机 MG2 桥电路和信号处理器/保护功能处理器已集成在 IPM(集成动力模块)中以提高车辆性能。集成在变频器总成中的空调变频器为空调系统中的电动变频压缩机提供电能。将变频器散热器和发动机散热器整合为一,更加合理地利用了空间资源。

2) 电机

通过提高电机 MG1 转子的强度,使其最大可输出转速为 10000r/min,从而提高了充电能力。电机 MG2 转子内的永磁铁变为 V 型结构,使输出转矩和输出功率增大。

对于电机 MG2 控制,在电机 MG2 的中速范围内引入了新研制的过调控制系统。

3) 控制系统

HV ECU 中的 CPU 由 16 位变为 32 位,提高了处理信号的速度。发动机 ECU 中的 CPU 由 16 位变为 32 位,提高了处理信号的速度。蓄电池 ECU 优化结构后,蓄电池 ECU 更加紧凑。蓄电池 ECU 中的 CPU 由 16 位变为 32 位,提高了处理信号的速度。制动防滑控制 ECU 中的 CPU 由 16 位变为 32 位,提高了处理信号的速度。通信上与 THS II 控制系统相连的主要 ECU(HV ECU、蓄电池 ECU、发动机 ECU 和制动防滑控制 ECU)间采用了 CAN(控制器局域网)通信网络来建立通信。

4)发动机

第二代丰田普锐斯采用 1.5L 小型发动机,集合了各式混合动力系统的优势发动机和发电机,可根据行驶状况共同驱动或分开单独使用;车辆临时停驶时自动停止发动机工作,减少能量浪费;更有效地控制发动机和电动机,加速反应快。

3.7.3 电力无级变速驱动桥

混合动力变速驱动桥由电机 MG1、电机 MG2 和行星齿轮组成。第一、二代普锐斯动力传动系统结构如图 3-22 所示,混联式是串并联相结合的系统,这种混合动力系统是由点燃式发动机和两台采用永久磁铁的三相交流电机组成。两台三相交流永磁电机(MG1 和 MG2)可以作为发电机运行,也可作为电动机运行。内燃机与两台电机通过行星齿轮机构相互连接。MG2 和驱动轮的差速器通过传动链条和齿轮连接在一起。

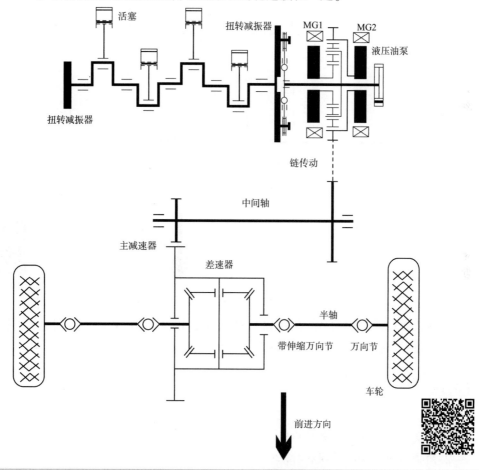

图 3-22 第一、二代普锐斯动力传动系统结构

第一、二代变速驱动桥主要包括变速驱动桥阻尼器、带扭转减振的飞轮、MG1、MG2 和减速装置(包括链、中间轴主动齿轮、中间轴从动齿轮、主减速器小齿轮和主减速器环齿轮),行星齿轮组、MG1、MG2、变速驱动桥阻尼器和主动链轮都安装在同心轴上,动力从主动链轮传

输到减速装置。

第三代普锐斯动力传动系统结构(图3-23)主要包括带扭转减振的飞轮、电机 MG1 和 MG2、前后两个行星排,后行星排实现 MG2 电机输出的减速,第二代输出的链传动改为齿轮传动,更为紧凑。

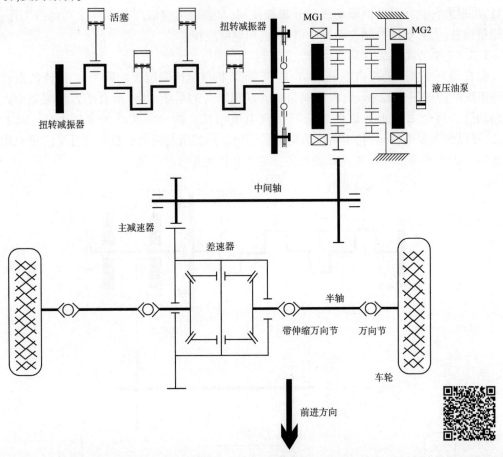

图3-23　第三、四代普锐斯动力传动系统结构

第四代普锐斯的混动系统仍搭载 1.8L 发动机以及 MG1、MG2 双电机,动力传动系统结构没有变化,综合最大功率达到 110kW。纯电模式下的续驶里程从 17.7km 提升到 56km。

习题

1. 简要写出省油四原则的内容。
2. 简要写出串联的原理和特点。
3. 简要写出并联、轻混的原理和特点。
4. 简要写出并联、中混的原理和特点。
5. 简要写出混联、重混的原理和特点。
6. 简要写出插电、非插电混合动力电动汽车的特点。

第4章 氢燃料电池汽车

学习目标

1. 简要叙述氢燃料电池的工作原理。
2. 简要叙述丰田未来汽车的结构组成。

情境引入

小林同学在车展上试乘试驾了一辆氢燃料电池的新能源汽车,同学们听说后,想听他介绍一下这款车的一些知识。

4.1 氢燃料电池汽车概述

4.1.1 燃料电池的发电原理

氢燃料电池的电化学原理如图 4-1 所示,将化学能转化成电能,但是它的工作方式却与内燃机相似。它在工作(即连续稳定的输出电能)时,必须不断地向电池内部送入燃料与氧化剂(如氢气和氧气);与此同时,它还要排出与生成量相等的反应产物,如氢燃料电池中所生成的水。目前燃料电池的能量转化效率仅达到 40%~60%,为保证电池工作温度的恒定,必须将废热排放出去。如果有可能,还要将该热能加以再利用,如高温燃料电池可与各种发电装置组成联合循环,以提高燃料的利用率。

质子交换膜氢燃料电池的核心是一涂有铂催化剂的弹性塑料膜。铂催化剂把氢气转化为

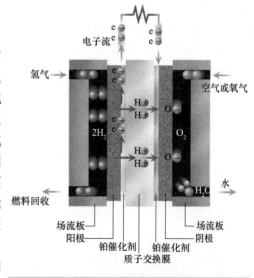

图 4-1 质子交换膜氢燃料电池工作原理示意图

质子和电子,只有质子可以通过电解质膜,与膜另一侧的氧结合生成水,而电子在闭合的外电路中形成电流。

燃料电池为什么一定要用白金(铂)作为催化剂,因为白金的解离活性强,且耐电解质膜强酸性(相当于硫酸),长时间耐久性的金属只有白金。其他铂系金属解离活性低,而非金属的耐酸性又达不到要求。目前减少白金的方法是在 Pb、Au、Co、Ni 的表面形成 Pt 层。

4.1.2 燃料电池汽车价格

1)车辆售价

2015 年丰田生产的燃料电池汽车售价 5 万美元,汽车充满氢气只需 3min,续驶里程为 700km。

2)燃料比较

(1)能量密度。

目前各种燃料的能量密度(Wh/kg)如下:一般锂聚合物 Li-ion 约为 600Wh/kg(实用化),有机锂约为 1200Wh/kg、汽油约为 3400Wh/kg、氢燃料电池约为 3500Wh/kg(实用化)、铝空气电池约为 4300Wh/kg、锂空气电池约为 5400Wh/kg、锂氟气电池约为 6300Wh/kg(目前能量密度最高)。

(2)燃料成本。

用电解法制备 1kg 液氢需要 50kW·h 到 60kW·h 电(包含压缩制冷耗电),此处按 60kW·h 电计算。民用电 1kW·h 按 0.52 元计算,制备 1kg 液氢需要 31 元。若采用氢气发动机,宝马汽车行驶 100km 要消耗 4kg 氢,燃料费用高达 125 元,比目前汽油成本还高,用户是很难接受的。如果液氢先通过燃料电池转化为电,按 60% 的发电效率计算,1kg 氢能发电 32kW·h,0.5kg 的氢就能使汽车行驶 100km,燃料费用 15.5 元,比目前的汽油便宜多了。

4.1.3 燃料电池汽车优点

1)对比内燃机汽车

燃料电池汽车路试时能量转换效率可以达到 40%~50%,其能量转换效率比内燃机要高。燃料电池可节省石油,减小世界对石油的依存度。

2)对比混合动力电动汽车

混合动力汽车能量转换效率平均低于 35%,无法与燃料电池汽车进行效率对比。燃料电池电动汽车仅排放热和水,是高效的清洁汽车。

3)对比纯电动汽车

目前的燃料电池车的续航设计里程为 600~800km,是纯电动汽车的 2~4 倍。只有少量杂质可能造成极少量的二氧化碳和氮氧化物排放,制氢过程所用能量可以用太阳能或风能发电制氢,成为真正绿色环保汽车。

4.2 丰田未来(Mirai)氢燃料电池汽车

4.2.1 燃料电池汽车结构

丰田燃料电池汽车 Mirai(未来汽车)的主要部件名称如图 4-2 和图 4-3 所示。

前高压储氢气罐 60L,后高压储氢气罐 62.4L,总共重 5kg,1kg 氢气售价约 1000 日元(约合人民币 70 元),由燃料电池内部的氢气循环泵提供氢气。动力电池 0.65A·h(2kW·h),用于汽车起动和加速时用。

图 4-2 丰田 Mirai 主要部件名称 1

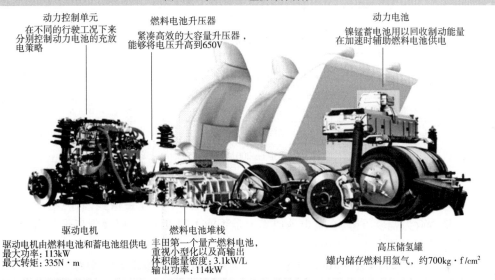

图 4-3 丰田 Mirai 主要部件名称 2

如图 4-4 所示为丰田 Mirai 的燃料电池堆和升压器 DC/DC。由于燃料电池的功率大，但电压并不高，为了实现驱动电机要通过 DC/DC 升压器后给逆变器（动力控制单元）。

图 4-4 丰田 Mirai 的燃料电池堆和升压器 DC/DC

丰田 Mirai 的燃料电池堆功率 114kW，白金用量为 0.3g/kW，由 370 片燃料电池单元组成，体积 36L，质量 58.5kg，每片燃料电池单元的电压 0.8V，功率密度 $1\sim1.5W/cm^2$，通过升压器升到四相 650V，燃料电池组总有效面积 $10m^2$。特别值得一提的是氢气和氧气采用反方向导入，实现了电解质膜自然加湿，这大大压缩了燃料电池体积和成本，这是超越三星和本田汽车的技术之一。

4.2.2 未来发展预测

从表 4-1 可以看出，燃料电池汽车在质量上增加并不多，价格也不高。而纯电动汽车因蓄电池的质量增加使整车质量增加很多，蓄电池成本使车价居高不下。

丰田汽车公司 Mirai（未来汽车）和特斯拉纯电动汽车参数对比　　表 4-1

参　数	公　司	
	丰田汽车公司 Mirai（未来汽车）	特斯拉 Models
整备质量/总质量(kg)	1850(2070)	2270(2570)
续驶里程(km)	650	390
最高车速(km/h)	175	190
百公里加速时间(s)	10	6.2
乘坐人数	4 人	5 人
充气/充电	充气时间小于 3min	充电时间小于 45min(420V)
价格(万日元)	723.6(售价)—200(补贴)=523.6	823
排水量	60ml/km	—

从表 4-2 可以看出，燃料电池汽车在 2025 年左右成本下降会很多，而纯电动汽车在蓄电池质量是否有大幅度下降，在蓄电池成本上是否能大幅度下降，以及锂离子蓄电池的后期回收问题等都需要技术进一步解决。

丰田汽车公司 Mirai（未来汽车）燃料电池 FC110 的各部分成本推算　　表 4-2

部　件	材　料	2014 年成本(日元)	未来汽车(2025 年)成本(日元)
正极	全氟磺（日本三井—杜邦）	1980	1940
	活性炭	1500	750
	催化转换器	40000	16000
	内 Pt 用量	25g	5g
	炭纸（日本东丽）	120000	40000
	全氟磺日本三井—杜邦	1440	1000
负极	催化转换器	160000	32000
	内 Pt 用量	10g	3g
	炭纸（日本东丽）	120000	40000
	电解质膜	500000	50000
	隔板	120000	60000
	制作费	500000	300000

续上表

部　件	材　料	2014年成本(日元)	未来汽车(2025年)成本(日元)
储气罐	行李舱储气罐	936000	600000
	中间储气罐	900000	—
其他	车体其他设备及蓄电池	2000000	1300000
	成本价	5762420	2585000
	售价	7236000	3200000
	政府补贴	2000000	估计0
	东京补贴	1000000	估计0
	东京售价	补贴后价格在4236000(合21万RMB)	估计购置税和消费税可减车价的15%的政策还会有

习题

1. 简要叙述燃料电池的工作原理。
2. 简要写出丰田未来汽车的结构组成。

第 5 章

储能装置

学习目标

1. 简要说出储能装置的性能指标有哪些。
2. 简要说出锂离子蓄电池的性能指标。
3. 简要说出镍氢蓄电池的性能指标。
4. 简要说出飞轮电池的性能指标。
5. 简要说出超级电容的性能指标。

情境引入

小林想给他人介绍一下新能源汽车电池,问小林应该学习哪些知识。

5.1 储能装置的性能指标

5.1.1 储能装置类型

电动汽车的电能储能方式有物理储能和化学储能两种。物理储能方式在新能源汽车上指超级电容储能和飞轮电池储能两种。化学储能主要有两种,一种是可反复充电的化学电池,目前在汽车上使用的,主要包括铅酸蓄电池、镍氢蓄电池和锂离子蓄电池;另一种是不能充电的燃料电池。各种储能装置的性能指标比较见表 5-1 所示,需要指出的是,蓄电池在成组后,每一个单体蓄电池的容量和充放电次数较表 5-1 中有较大的下降。

各种储能装置的性能指标比较 表 5-1

性能指标	储能装置				
	超级电容	铅酸蓄电池	镍氢蓄电池	锂离子蓄电池	燃料电池
充电时间	几秒至几分钟	4～12h	12～36h	3～4h	不能充电
充放电次数	500000	400～600	大于500	1000	—
工作电流	极高	高	高	中	低

续上表

性能指标	储能装置				
	超级电容	铅酸蓄电池	镍氢蓄电池	锂离子蓄电池	燃料电池
记忆效应	无	轻微	有	很轻微	轻微
自放电(每月)	高	0.03%	20%(中)	5%～10%	低
质量能量密度(W·h/kg)	4～10	30	60～80	100～200	大于200
功率密度(W/kg)	大于1000	小于1000	大于1000	大于1000	35～1000
安全性	优	一般	良	差	差
环境	零污染	有污染	基本无污染	基本无污染	零污染

一般情况下,电动汽车的电能源为动力电池,动力电池在工作中是频繁、浅度的充放电循环。在充放电过程中,电压、电流可能有较大变化。

针对这种使用特点,电动汽车的动力系统对蓄电池有如下3个方面的特别要求:

(1)电动汽车要求动力电池具有更高的比功率;

(2)电动汽车中动力电池的高充放电效率是对保证整车效率具有至关重要的作用;

(3)电动汽车用蓄电池应当在快速充放电和充放电过程变工况的条件下,保持性能的相对稳定。

5.1.2 蓄电池的性能指标

蓄电池的作用是存储电能,蓄电池在充电过程中,电能通过蓄电池内活性物质的化学变化转变为化学能储存在蓄电池内。蓄电池在放电过程中,通过蓄电池内活性物质的化学变化逆转,将化学能转变为电能由蓄电池输出。

各种蓄电池的基本工作原理是电能→化学能→电能→化学能的可逆变换过程,能够反复使用。

2020年蓄电池在比能量和比功率方面较2010年有很大的提高,使得电动汽车的动力性能不断提高,一次充电后的续驶里程也不断地延长,而且这种提高一直在进行。蓄电池主要性能指标如下。

1)电压

(1)电动势:单体蓄电池正极和负极之间的电位差 E(表5-2)。

不同单体蓄电池电动势 表5-2

蓄电池	铅酸蓄电池	镍镉蓄电池	镍氢蓄电池	锰钴锂离子蓄电池	磷酸铁锂离子蓄电池	钠硫蓄电池
电压	2.1V	1.2V	1.2V	3.7V	3.2V	2.1V

(2)开路电压:蓄电池在开路时的端电压,一般开路电压与电池的电动势近似相等。

(3)额定电压:蓄电池在标准规定条件下工作时应达到的电压。

(4)工作电压(负载电压、放电电压):在蓄电池两端接上负载(Load)后,在放电过程中显示出的电压。

(5)终止电压:蓄电池在一定标准所规定的放电条件下放电时,蓄电池的电压将逐渐降低,当蓄电池再不宜继续放电时,蓄电池的最低工作电压称为终止电压。

2)容量

(1)理论容量。

根据蓄电池活性物质的特性,按法拉第定律计算出的最高理论值称为理论容量,一般用质量容量 A·h/kg 或体积容量 A·h/L 来表示。

(2)实际容量。

实际容量指在一定条件下所能输出的电量,它等于放电电流与放电时间的乘积。

(3)标称容量(公称容量)。

标称容量用来鉴别蓄电池适当的近似安时值,由于没有指定放电条件,因此,只标明蓄电池的容量范围,而没有确切值。

(4)额定容量。

额定容量也称保证容量,按一定标准所规定的放电条件,蓄电池应该放出的最低限度的容量。

(5)荷电状态

荷电状态(State of Charger,SOC)反映的是蓄电池实际存储电荷与蓄电池当前能存储的最多电荷之比,常用百分数表示。SOC=1 即表示蓄电池为充满状态。随着蓄电池放电,蓄电池的电荷逐渐减少,此时蓄电池的充电状态,可以用 SOC 的百分数的相对量来表示蓄电池中电荷的变化状态。一般蓄电池放电高效率区为 SOC=50%~80%。

因为蓄电池实际存储电荷与蓄电池当前能存储的最多电荷两者都是变值,所以对 SOC 精确的实时辨识,是蓄电池管理系统的一个关键技术。

3)能量

蓄电池的能量决定电动汽车的行驶距离,单位是 kW·h,也称度。

(1)标称能量。

按一定标准所规定的放电条件下,蓄电池所输出的能量称为标称能量。蓄电池的标称能量是蓄电池的额定容量与额定电压的乘积。

(2)实际能量。

实际能量指在一定条件下蓄电池所能输出的能量,蓄电池的实际能量是蓄电池的实际容量与平均工作电压的乘积。蓄电池的质量包括蓄电池本身结构件质量和电解质质量的总和。

(3)比能量(W·h/kg)。

比能量指动力电池组单位质量中所能输出的能量。

(4)能量密度(W·h/L)。

能量密度指动力电池组的能量密度,是指动力电池组单位体积中所能输出的能量。

4)功率

在一定的放电制度下,蓄电池在单位时间内所输出的能量用功率表示。蓄电池的功率决定混合动力汽车的加速性能。

(1)比功率(W/kg)。

蓄电池的比功率是指蓄电池单位质量中所具有电能的功率。

(2) 功率密度(W/L)。

蓄电池的功率密度是指蓄电池单位体积中所具有的电能的功率。

5) 内阻

电流通过蓄电池内部电解液、隔膜、电极时受到的阻力会使蓄电池的对外输出电压降低,此阻力称为蓄电池的内阻。由于蓄电池的内阻作用,使得蓄电池在放电时端电压低于电动势和开路电压,在充电时充电的端电压高于电动势和开路电压。

6) 循环次数

循环次数是指蓄电池的工作是一个不断充电、放电、充电、放电的循环过程,按一定标准的规定放电,当蓄电池的容量降到某一个规定值(比如80%)的充放电循环次数。

【专业指导】蓄电池充电循环,即一个完整的充放电周期。如果使用(放电)的电量达到蓄电池容量的100%,蓄电池就完成了一个充电周期,循环次数就会加1。举个例子,假如你一天使用了75%的电量,然后晚上充满电到100%,第二天再使用25%电量,那就算一次完整的放电过程(使用了100%),这样累计下来才算是完成一个充电周期,也就是一次蓄电池充电循环。

电动汽车用动力电池循环寿命要求:循环次数达到500次时放电容量不低于初始容量的90%,或者循环次数达到1000次时放电容量不低于初始容量的80%。

在每一个循环中,蓄电池中的化学活性物质,要发生一次可逆性的化学反应。随着充电和放电次数的增加,蓄电池中的化学活性物质会发生老化变质,逐渐削弱其化学功能,使得蓄电池的充电和放电的效率逐渐降低,最后蓄电池损失全部功能而报废。

蓄电池充电和放电的循环次数与蓄电池的充电和放电的形式,蓄电池的温度和放电深度有关,放电深度浅时,有利于延长蓄电池的寿命。

蓄电池在电动汽车上的使用环境,包括蓄电池组中各个蓄电池的均衡性、安装、固定方式、所受的振动和线路的安装等,都会影响蓄电池的工作循环次数,最后完全丧失其充电和放电的功能而报废。

7) 使用年限(年)

蓄电池除了以循环次数表示使用时间外,通常还要用蓄电池的使用年限来表示蓄电池的寿命。

8) 放电速率(放电率)

一般用蓄电池在放电时的时间或放电电流与额定电流的比例来表示。

(1) 放电时率:蓄电池以某种电流强度放电直到蓄电池的电压降低到终止电压时,所经过的放电时间。

(2) 放电倍率:蓄电池的放电电流值与蓄电池额定容量数值的比值。比如蓄电池额定容量 $C=6.5A \cdot h$,若以6.5A放电电流放电,放电倍率为1,放电电流为$1C$;若以3.25A放电电流放电,放电倍率为0.5,放电电流为$0.5C$。

9) 自放电率

自放电率指蓄电池在存放时间内,在没有负荷的条件下自身放电,使得蓄电池容量损失的速度,自放电率用单位时间(月/年)内蓄电池容量下降的百分数来表示。

10）成本

蓄电池的成本与蓄电池的技术含量、材料、制作方法和生产规模有关,目前新开发的高比能量的蓄电池成本较高,使得电动汽车的造价也较高,开发和研制高效、低成本的蓄电池是电动汽车发展的关键。如图5-1所示电动汽车生产成本构成。除上述主要性能指标外,还要求蓄电池无毒性、对周围环境不会造成污染或腐蚀,使用安全,良好的充电性能和充电操作方便,耐振动,无记忆性,对环境温度变化不敏感,易于调整和维护等。

目前蓄电池技术的瓶颈则在于如何造出容量大（充满电可以连续行驶400km）且体积小、质量轻、价格低的蓄电池,如图5-1所示为电动汽车生产成本构成中蓄电池的成本比例。

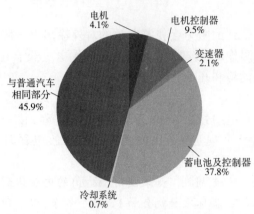

图5-1 电动汽车生产成本构成比例

5.1.3 电动汽车对蓄电池的基本要求

一般混合动力汽车蓄电池。要求有较大的比能量,而混合动力汽车所采用的动力电池组,则要求有较大的比功率,两种蓄电池在性能方面各有侧重,混合动力汽车对蓄电池的基本要求如下：

1）比能量大

比能量是保证混合动力汽车能够达到基本合理的续驶里程的重要性能,连续2h放电率的比能量至少不低于44W·h/kg。

2）充电时间短

蓄电池对充电技术没有特殊要求,能够实现感应充电。蓄电池的正常充电时间应小于6h,蓄电池能够适应快速充电的要求,蓄电池快速充电达到额定容量的50%时的时间为20min左右。

3）连续放电率高

蓄电池能够适应快速放电的要求,连续1h放电率可以达到额定容量的70%左右。

4）自放电率低

自放电率要低,蓄电池能够长期存放。

5）不需要复杂的运行环境

蓄电池能够在常温条件下正常稳定地工作,不受环境温度的影响,不需要特殊加热。保温热管理系统,能够适应混合动力汽车行驶时振动的要求。

6）安全可靠

蓄电池应干燥、洁净,电解质不会渗漏腐蚀接线柱和外壳。不会引起自燃或燃烧,在发生碰撞等事故时,不会对乘员造成伤害。废蓄电池能够进行回收处理和再生处理,蓄电池中有害重金属能够进行集中回收处理。蓄电池组可以采用机械装置进行整体快速更换,线路连接方便。

7) 其他

寿命长、免维修、制造成本低。蓄电池的循环寿命不低于 1000 次,在使用寿命限定期间内,不需要进行维护和修理。

5.1.4 可选蓄电池

1) 铅酸蓄电池和镍镉蓄电池

铅酸蓄电池技术成熟、成本低、可快速充电、比功率高、比能量低、潜力巨大。镍镉(Ni-Cd)蓄电池具有技术成熟、可实现快速充电、比功率高、成本高、比能量低、潜力大。但这两种蓄电池不是电动汽车的最好选择。

2) 镍氢(Ni-MH)蓄电池和锂聚合物蓄电池

镍氢(Ni-MH)蓄电池具有比能量高、比功率高、可实现快速充电、成本高、潜力巨大的特点。锂聚合物(Li-Ion)蓄电池有非常高的比能量、非常高的比功率、成本高、潜力巨大;但低温性能差,要适当处理这个问题。这两种蓄电池目前是电动汽车的最好选择。

3) 其他未来可能使用蓄电池

镍锌(Ni-Zn)蓄电池具有比能量高、比功率高、成本低、循环寿命短、潜力大。锌空气(Zn/Air)蓄电池具有机械式充电、成本低廉、非常高的比能量、比功率低、不能接受再生能量、潜力巨大。铝空气(Al/Air)蓄电池具有机械式充电、成本低、非常高的比能量、非常低的比功率、不能接受再生能量、潜力低。钠硫(Na/S)蓄电池具有比能量高、比功率高、成本高、安全问题、需要热量管理、潜力一般。钠、氯化镍(Na/NiCl$_2$)蓄电池具有比能量高、成本高、需要热管理系统、潜力大。

5.2 铅酸蓄电池

5.2.1 铅酸蓄电池的特点

以酸性水溶液为电解质的蓄电池称为酸蓄电池。由于铅酸蓄电池电极是以铅及其氧化物为材料,故又称为铅酸蓄电池。铅酸蓄电池理论比能量 175.5W·h/kg,实际比能量 35W·h/kg,能量密度 80W·h/L。铅酸蓄电池的特点是开路电压高,放电电压平稳,充电效率高,能够在常温下正常工作,生产技术成熟,价格便宜,规格齐全。

【专业指导】在未提出大力发展新能源汽车之前(约 2010 年前)的第一代低速电动车广泛使用了铅酸蓄电池,一部分混合动力汽车也采用了铅酸蓄电池。随着电动汽车技术的发展(约 2010 年后),铅酸蓄电池由于比能量较低,充电速度较慢,寿命较短,立刻被镍氢蓄电池和锂离子蓄电池所取代。以铅酸蓄电池作为电能源的电动汽车称为低速电动车,不在新能源汽车之列。

5.2.2 铅酸蓄电池的种类

铅酸蓄电池在汽车上有两种,一种是起动铅酸蓄电池,另一种是动力铅酸蓄电池。混合动力汽车的牵引用动力铅酸蓄电池(简称动力铅酸蓄电池)性能与起动铅酸蓄电池的要求是不同的。

1) 起动铅酸蓄电池特点

汽车的起动铅酸蓄电池最大的特点是允许短时大电流放电。起动铅酸蓄电池主要应用于发动机起动机的起动供电。

2）动力铅酸蓄电池特点

有高的比能量和比功率,高的循环次数和使用寿命,以及快速充电等性能,是电动汽车采用的蓄电池。

5.2.3 铅酸蓄电池构造

图 5-2 所示为普通铅酸蓄电池的构造,铅酸蓄电池的基本单元是单体蓄电池。每个单体蓄电池都是由正极板、负极板和装在正极板与负极板之间的隔板组成。每个单体蓄电池的基本电压为 2.1V 多一点,不过习惯称为 2V。实际用的铅酸蓄电池是由不同容量的单体蓄电池按使用要求进行组合,装置在不同的塑料外壳中来获得不同电压和不同容量。

铅酸蓄电池总成经过灌装电解液和充电后,就可以从铅酸蓄电池的接线柱上引出电流。

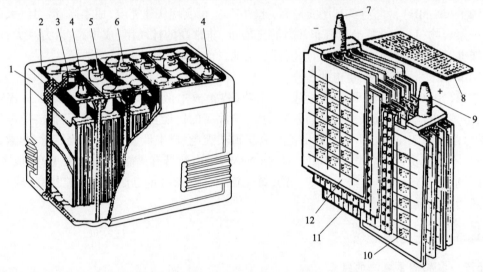

图 5-2 起动型铅酸蓄电池构造
1-外壳;2-密封胶;3-加液口;4-正、负极接线柱;5-加液口塞;6-电极连接条;7-负极板组;8-护板网;9-正极板组;10-二氧化铅;11-隔板;12-海绵状纯铅

5.2.4 铅酸蓄电池原理

1）起动型铅酸蓄电池原理

起动型铅酸蓄电池的放电和充电的反应过程可用化学反应方程式(5-1)表示。铅酸蓄电池在对外负载放电过程时,化学反应由左向右进行,稀硫酸(H_2SO_4)分别与正极的二氧化铅(PbO_2)和负极的纯铅(Pb)反应都生成硫酸铅($PbSO_4$),同时产生水。当蓄电池外接充电机时,正、负极板的硫酸铅($PbSO_4$)又还原为二氧化铅(PbO_2)和纯铅(Pb),同时水变成稀硫酸。

$$PbO_2 + 2H_2SO_4 + Pb \underset{充电}{\overset{放电}{\rightleftharpoons}} PbSO_4 + 2H_2O + PbSO_4 \tag{5-1}$$

正极　　负极　　正极　　负极

稀硫酸(H_2SO_4)也称电解液,在充电和放电过程中密度会发生变化。由于铅酸蓄电池在放电过程中,铅酸蓄电池中的稀硫酸(H_2SO_4)的浓度会逐渐减小,因此,可以用密度计来测定稀硫酸(H_2SO_4)的密度,再由铅酸蓄电池电解液密度确定铅酸蓄电池电解液放电程度。

单体铅酸蓄电池的电压为2V,在使用或存放一段时间后,单体蓄电池的电压可能降低到1.8V以下,或H_2SO_4溶液的密度下降到$1.29g/cm^3$时。此时,铅酸蓄电池就必须充电,如果电压继续下降,铅酸蓄电池将会损坏。

2) 动力铅酸蓄电池原理

动力铅酸蓄电池通常采用密封、无锑材料网隔板等技术,并在普通铅酸蓄电池的电解液中加入硅酸胶(Na_2SiO_3)之类的凝聚剂,其结构见化学方程式(5-2)。使电解质成为胶状物,形成一种"胶体"电解质,采用"胶体"电解质的铅酸蓄电池,使用起来更加方便。但要注意的是动力铅酸蓄电池的化学反应仍是化学方程式(5-1),化学方程式(5-2)只是稀硫酸的一种存在形式。

$$H_2SO_4 + Na_2SiO_3 = H_2SiO_3 + Na_2SO_4 \qquad (5-2)$$

动力铅酸蓄电池的电极上带有催化剂(AL_2O_3),催化剂可以使充电后期时产生的氢气和氧气反应生成水流回蓄电池,防止充电时电解水产生的氢气和氧气逸散,从而控制水的消耗,防止液面下降。

动力铅酸蓄电池阀控技术是指在蓄电池内部安装了排气阀结构,排气阀结构使充电更安全。一般情况下阀控铅酸蓄电池在放电过程中是"零排放",但是在充电过程中,特别是在充电后期,生成的氢气和氧气过多,催化剂来不及使其生成水,蓄电池内部压力上升排气阀打开,少量的氢和氧混合气体排放。如图5-3 成组后的车用阀控铅酸蓄电池。

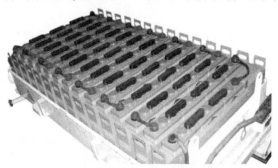

图5-3 成组后的车用阀控铅酸蓄电池

5.3 镍氢蓄电池

5.3.1 镍氢蓄电池的技术参数

镍氢蓄电池(Ni-MH)是一种碱性蓄电池,单体蓄电池电压1.2V,比能量75~80W·h/kg,比功率160~230W/kg,能量密度达到200W·h/L,功率密度400~600W/L。

5.3.2 镍氢蓄电池的构造

镍氢蓄电池正极是活性物质氢氧化镍$Ni(OH)_2$,负极是储氢合金(图5-4),用氢氧化钾作为电解质,在正负极之间有隔膜,共同组成镍氢单体蓄电池。在金属铂的催化作用下,完成充电和放电的可逆反应。镍氢蓄电池的特性与镍镉蓄电池特性基本相同,但氢气是没有毒性的物质,无污染,安全可靠,使用寿命长,而且不需要补充水分。

镍氢蓄电池的极板有发泡体和烧结体两种,发泡体极板的镍氢蓄电池在出厂前必须进行预充电,且放电电压不能低于0.9V,工作电压也不太稳定,特别是在存放一段时间后,会有近20%的电荷流失,老化现象比较严重,为避免发泡镍氢蓄电池老化所造成的内阻增高,镍氢蓄电池在出厂前必须进行预充电。经过改进的镍氢电池的烧结体极板本身就是活性物质,不需要进行活性处理也不需要进行预充电,电压平衡、稳定,具有低温放电性能好、不易老化和寿命长的优点。

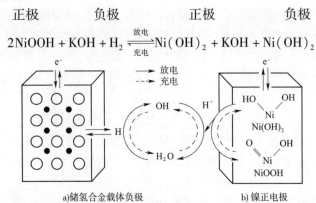

图5-4 镍氢电池在碱性电解液中进行反应的模型
○-储氢合金载体;●-H_2

通常镍氢蓄电池的外形有方形和圆形两种。

5.3.3 镍氢蓄电池的工作原理

如图5-4所示,镍氢蓄电池的正极,是球状氢氧化镍粉末与添加剂等金属、塑料和粘合剂等制成的涂膏,用自动涂膏机涂在正极板上,然后经过干燥处理成发泡的氢氧化镍正极板。在正极材料$Ni(OH)_2$中添加Ca、Co、Zn或稀土元素,对稳定电极的性能有明显的改进。采用高分子材料作为黏合剂或用挤压和轧制成的泡沫镍电极,并采用镍粉、石墨等作为导电剂时,可以提高大电流时的放电性能。

镍氢蓄电池负极的关键技术是储氢合金,要求储氢合金能够稳定地经受反复的储气和放气的循环。储氢合金是一种允许氢原子进入或分离的多金属合金的晶格基块,用钛-钒-锆-镍-铬(Ti-V-Co-Ni-Cr)5种基本元素,并与钴、锰等金属元素烧结的合金,经过加氢、粉碎、成形和烧结成负极板。储氢合金的种类和性能,对镍氢蓄电池的性能有直接的影响。负极在充电或放电过程中既不溶解,也不再结晶,电极不会有结构性的变化,在保持自身化学功能的同时,还保证本身的机械坚固性。储氢合金一般需要进行热处理和表面处理,以增加储氢合金的防腐性能,这有利于提高镍氢蓄电池的比能量、比功率和使用寿命。

电解质是水溶性氢氧化钾(KOH)和氢氧化锂(LiOH)的混合物。当蓄电池充电过程中,水在电解质溶液中分解为氢离子和氢氧离子,氢离子被负极吸收,负极从金属转化为金属氢化物。在放电过程中,氢离子离开了负极,氢氧离子离开了正极,氢离子和氢氧离子在电解质氢氧化钾中结合成水并释放电能。

镍氢蓄电池在充电过程中容易发热,发热产生的高温,会对镍氢蓄电池产生负面影响。高温状态下,正极板的充电效率变差,并加速正极板的氧化,使蓄电池的寿命缩短。镍氢蓄电池在充电后期,会产生大量的氧气,在高温的环境条件下,将加速负极储氢合金氧化,并使储氢合金平衡压力增加,使储氢合金的储氢量减少,从而降低镍氢蓄电池的性能。尼龙无纺布隔膜在高温的作用下,会发生降解和氧化。尼龙无纺布隔膜发生降解时,产生铵离子(NH_4^+)和硝酸根(NO_3^-)离子,加速了镍氢蓄电池的自放电。尼龙无纺布隔膜发生氧化时,氧化成碳酸根,使镍氢蓄电池的内阻增加。在镍氢蓄电池充电的过程中,蓄电池温度迅速地升高,会使充电效率降低,并产生大量氧气,如果安全阀不能及时开启,会有发生爆炸的危险。

5.3.4 镍氢蓄电池的充放电特性

1)放电特性

镍氢蓄电池(6个单体蓄电池组件)放电时,$2C$(额定容量)的功率输出时的质量比功率可达到600W/kg以上,$3C$的功率输出时的质量比功率可达到500W/kg以上,深度范围内质量比功率的变化比较平稳,对混合动力汽车的动力性能的控制十分有利,蓄电池的寿命可以达到10万km以上。

2)充电特性

镍氢蓄电池的充电接受性很好,充电效率几乎达到100%,能够有效地接受混合动力汽车在制动时反馈的电能。另外,由于能量损耗较小,镍氢蓄电池的发热量被抑制在最小的极限范围内,可以有效地控制剩余电量,并用电流来显示蓄电池的剩余电量。

5.3.5 镍氢蓄电池的优缺点

1)优点

(1)充电18min可恢复40%~80%的容量,过充电和过放电性能好;

(2)应急补充充电性能好,1h内可以完全充满,应急补充充电的时间短;

(3)在80%的放电深度下,循环寿命可达到1000次以上,是铅酸蓄电池的3倍;

(4)一次充电后续驶里程长,而且起动加速性能较好;

(5)可以在环境温度-28~80℃条件下正常工作;

(6)循环使用寿命可达到6000次或7年;

(7)采用全封闭外壳,可以在真空环境中正常工作;

(8)低温性能较好,能够长时间存放;

(9)镍氢蓄电池中没有铅(Pb)和镉(Cd)等重金属元素,不会对环境造成污染;

(10)镍氢蓄电池以随充随放,不会出现镍镉在没有放完电后即充电而产生的"记忆效应"。

2)缺点

(1)在高温条件下使用时电荷量急剧下降;

(2)自放电损耗较大;

(3)价格较贵,镍氢蓄电池的成本很高,达600~800美元/kW·h,不同的储氢合金具有不同的储存氢的能力,价格也不相同;

(4)镍氢蓄电池的比功率和放电能力不及镍镉蓄电池;

(5)镍氢蓄电池在使用时还应充分注意各个单体蓄电池之间的一致性,特别是在高速率、深放电情况下,各个单体蓄电池之间的容量和电压差较明显。注重对蓄电池组在充、放电过程中的导热管理和蓄电池安全装置的设计。

5.3.6 镍氢蓄电池的应用

目前日本丰田和本田的混合动力电动汽车多采用镍氢蓄电池作为能源。

1)本田车系

图5-5所示为本田Insight镍氢蓄电池组,蓄电池组置于行李舱底板,由120个松下1.2V

镍氢蓄电池组成,串联后合计电压为144V,支持电流充电50A,放电100A。为延长蓄电池寿命,每个蓄电池单元放电量为4A·h,蓄电池组共可放电144V×4A·h=0.576kW·h能量。

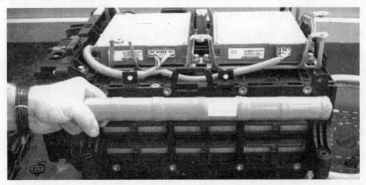

图5-5 本田Insight镍氢蓄电池组

2)丰田车系

如图5-6所示为第二代普锐斯蓄电池组质量53.3kg,由28组松下镍氢蓄电池模块构成,每个模块分别载有6个1.2V蓄电池(图5-7),总计168个蓄电池,串联标称电压合计201.6V,比上第一代的38组228个单体蓄电池有所减少。第三代丰田普锐斯在国外为插电式混合动力(PHEV),蓄电池装载较多,而在国内第三代丰田普锐斯因无插电功能,所以蓄电池数量和第二代完全相同,也标称201.6V。

图5-6 普锐斯镍氢蓄电池组

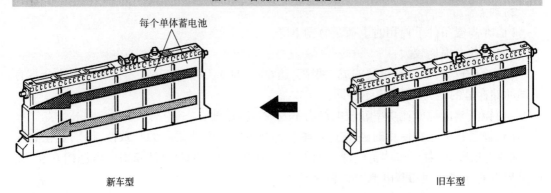

图5-7 普锐斯6个1.2V单体蓄电池结构

旧款普锐斯中,HV蓄电池每个单体之间为单点连接,接点在单体蓄电池上部,而新车型中的蓄电池每个单体之间为双点连接,新增的接点在单体蓄电池下部,这样蓄电池的内部电阻得以降低。

近几年在镍氢蓄电池的制造技术上进行一些改进,例如:正极板采用多极板技术,负极板采用端面焊接技术,在电解液中适当加入 LiOH 和 NaOH,采用抗氧化能力强的聚丙烯毡做隔膜等,可以有效地提高镍氢蓄电池耐高温能力。在镍氢动力电池组之间,加大散热间隙,采取有效的散热措施和建立自动热管理系统,以保证镍氢蓄电池正常工作并延长使用寿命。镍氢蓄电池通过增大冷却强度可以让动力电池的放电功率有一定程度的提高,比如由 25kW 提高到 27kW。

5.4 锂离子蓄电池

5.4.1 简介

锂离子蓄电池具有极高的性能优势,是未来动力电池发展的必然方向。相对传统的铅酸、镍氢和镉镍蓄电池而言,锂离子蓄电池的历史很短。

5.4.2 磷酸铁锂锂离子蓄电池

1997 年美国人发现磷酸铁锂($LiFePO_4$)模型,发现磷酸铁锂($LiFePO_4$)是适合做动力电池正极的一种材料,磷酸铁锂($LiFePO_4$)锂离子蓄电池标称电压 3.2V,满电压最高为 3.6V,具有以下特点。

1) 高效率输出

标准放电为 $2～5C$(额定容量)、连续高电流放电可达 $10C$,瞬间脉冲放电(10s)可达 $20C$。

2) 高温时性能良好

外部温度 65℃ 时内部温度则高达 95℃,蓄电池放电结束时温度可达 160℃,蓄电池的结构安全、完好。

3) 安全性好

即使蓄电池内部或外部受到伤害,蓄电池不燃烧、不爆炸。

4) 循环容量大

经 500 次充放电循环,其放电容量仍大于 95%。

从磷酸铁锂($LiFePO_4$)锂离子蓄电池性能优点我们可以看出,磷酸铁锂蓄电池是目前最适合用于电动汽车产业化应用的锂离子蓄电池。

5.4.3 工作原理

锂离子蓄电池其基本原理是相同的。各种锂离子蓄电池内部主要由正极、负极、电解质及隔离膜组成,正负极及电解质材料不同工艺上的差异使蓄电池有不同的性能,尤其是正极材料对蓄电池的性能影响最大。

以石墨/磷酸铁锂蓄电池($LiFePO_4$)为例,充放电化学反应式如下:

正极反应式:$LiFePO_4 \Leftrightarrow Li_{(1-x)}FePO_4 + xLi^+ + xe^-$;

负极反应式:$xLi + xe^- + C_6 \Leftrightarrow Li_xC_6$;

总的反应式:$LiFePO_4 + 6 \times C \Leftrightarrow Li_{(1-x)}FePO_4 + Li_xC_6$

其中,从左向右的过程为充电,而从右向左的过程为放电。

磷酸铁锂($LiFePO_4$)锂离子蓄电池的结构与工作原理(图 5-8),磷酸铁锂($LiFePO_4$)作为蓄电池的正极,由铝箔与蓄电池正极连接,中间是聚合物的隔膜,它把正极与负极隔开,锂离子 Li^+ 可以通过而电子 e^- 不能通过,右边是由碳(石墨)组成的蓄电池负极,由铜箔与蓄电池的负极连接。蓄电池的上下端之间是蓄电池的电解质,蓄电池由金属外壳密闭封装。磷酸铁锂($LiFePO_4$)锂离子蓄电池在充电时,正极中的锂离子 Li^+ 通过聚合物隔膜向负极迁移。在放电过程中,负极中的锂离子 Li^+ 通过隔膜向正极迁移。锂离子蓄电池就是因锂离子在充放电时来回迁移而命名的。

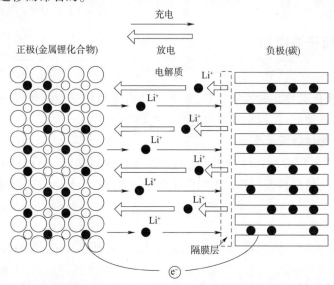

图5-8　磷酸铁锂($LiFePO_4$)锂离子蓄电池结构示意图(正极为磷酸铁锂材料)

5.4.4　一元锂离子蓄电池

一元锂离子蓄电池是指蓄电池的正极材料主要是镍酸锂($LiNiO_2$)或钴酸锂($LiCoO_2$)或锰酸锂($LiMn_2O_4$)3种物质之一的蓄电池,一元是指其中的镍(Ni)、钴(Co)、锰(Mn)中的一种,突出的是钴酸锂($LiCoO_2$)蓄电池。

钴酸锂($LiCoO_2$)蓄电池能量密度高,但成本高、安全性差,材料稳定性差,钴酸锂蓄电池容易出现安全问题,如果单体容量过大,一旦产生爆炸将十分危险。另外,钴酸锂($LiCoO_2$)的主要原材料金属钴元素在我国储量极少,目前80%的金属钴(Co)元素基本靠进口,在我国难以大规模使用。

钴酸锂($LiCoO_2$)蓄电池主要被应用于3C产品,就是计算机(Computer)、通信(Communication)和消费类电子产品(Consumer Electronics),如手机、笔记本电脑、平板电脑蓄电池等。

5.4.5　三元锂离子蓄电池

以三元材料镍(Ni)、钴(Co)、锰(Mn)作为正极材料的锂离子蓄电池可以看作是钴酸锂、锰酸锂和镍酸锂蓄电池的混合升级,中和了3种蓄电池在能量密度和安全性、循环性方面的优缺点,成为动力电池领域主流技术路线之一。

根据正极材料中镍钴锰3种金属比例不同,三元锂离子蓄电池可以细分为NCM111、NCM532、NCM622、NCM811等。例如NCM532即为三元蓄电池中镍、锰、钴的比例为5∶3∶2。

一般来说,三元锂离子蓄电池中,镍的含量越高,蓄电池能量密度越高(详见表5-3),但安全性越差。

锂离子蓄电池能量密度比较　　　　　　表5-3

锂离子蓄电池 技术路线	单体蓄电池理论 能量密度(W·h/kg)	锂离子蓄电池 技术路线	单体蓄电池理论 能量密度(W·h/kg)
磷酸铁锂(LiFePO$_4$)	170	NCM811(镍:钴:锰=8:1:1)	280
NCM532(镍:钴:锰=5:3:2)	200	NCA(镍:钴:铝=8:1.5:0.5)	300
NCM622(镍:钴:锰=6:2:2)	240		

目前动力电池行业最新技术为高镍三元锂蓄电池,主要包括NCA和NCM811。其中,NCA为镍钴铝的混合,常见配比为8:1.5:0.5,单体能量密度可达300W·h/kg,高于目前能量上限约为280W·h/kg的NCM811蓄电池,为目前世界上能量密度最高的锂离子蓄电池。

三元锂离子蓄电池优点如下:

(1) 普通单体蓄电池工作电压高达3.6~3.7V,满电压为4.2V,工作电压是镍氢蓄电池的3倍,是铅酸蓄电池的近2倍;

(2) 质量轻,比能量大,比能量高达150W·h/kg,是镍氢蓄电池的2倍,铅酸蓄电池的4倍,因此质量是相同能量的铅酸蓄电池的1/4~1/3;

(3) 体积小,能量密度高达400W·h/L,体积是铅酸蓄电池的1/3~1/2;

(4) 提供了更合理的结构和更美观的外形设计条件、设计空间和可能性;

(5) 循环寿命长,循环次数可达1000次。以容量保持60%计,蓄电池组100%充放电循环次数可以达到600次以上,使用年限可达3~5年,寿命约为铅酸蓄电池的2~3倍;

(6) 自放电率低,每月不到5%;

(7) 允许工作温度范围宽,低温性能好,锂离子蓄电池可在-20~+55℃之间工作;

(8) 无记忆效应,所以每次充电前不必像镍镉蓄电池、镍氢蓄电池一样需要放电,可以随时随地的进行充电;

(9) 蓄电池充放电深度,对蓄电池的寿命影响不大,可以全充全放;

(10) 无污染,锂离子蓄电池中不存在有毒物质,因此被称为"绿色蓄电池"。

三元锂离子蓄电池、磷酸铁锂蓄电池、锰酸锂蓄电池虽然在能量密度方面不及钴酸锂蓄电池,但因在安全性、循环性等方面优势明显,因此被广泛应用于动力电池领域。2017年,动力电池市场中磷酸铁锂和三元蓄电池出货量几乎各占一半,锰酸锂蓄电池占比较小。三元材料在蓄电池能量密度、比功率、大倍率充电、耐低温性能等方面占据优势;但成本、循环性、安全性上弱于磷酸铁锂蓄电池。

5.4.6　全固态锂离子蓄电池

所谓全固态锂离子蓄电池简单来说就是指蓄电池结构中所有组建都是以固态形式存在,而如今传统的商业化的锂离子蓄电池则是液态锂离子蓄电池即电解液是液态溶液状。具体来说就是把传统锂离子蓄电池的液态电解液和隔膜替换为固态电解质,一般是以锂金属为负极,也可是石墨类及其他复合材料,结构如图5-9所示。

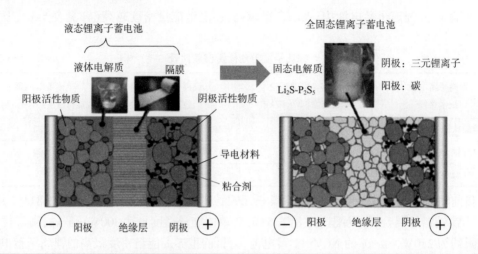

图 5-9 液态锂离子蓄电池(左),固态锂离子蓄电池(右)

对比各自的优缺点如下。

液态电解质优点:工业自动化生产程度高、较好的界面接触、在充放电循环中电极膨胀相对可控、单位面积的导电率高。缺点:易挥发、易燃烧的电解质导致其安全和热稳定性较差、依赖于形成 SEI 膜、锂离子和电子可能同时传导。

全固态电解质优点:高安全和热稳定性(针刺和高温稳定性极好,可长期正常工作在 60~120℃条件下);可达 5V 以上的电化学窗口,可匹配高电压材料;只传导锂离子不传导电子;由于固态电解质存在可以在蓄电池内串联组成高电压的单体蓄电池;简化冷却系统,提高能量密度;可使用在超薄柔性蓄电池领域。缺点:充放电过程中界面应力受影响;单位面积离子电导率较低,常温下比功率差;成本极为昂贵;工业化生产大容量蓄电池有很大困难。

5.5 钠硫蓄电池

5.5.1 钠硫蓄电池概述

钠硫蓄电池是美国福特公司于 1967 年首先发明的,钠硫蓄电池经热反应后所产生的理论能量密度为 786W·h/kg,实际能量密度为 300W·h/kg,具有比能量高、可大电流、高功率放电的特点。日本东京电力公司(TEPCO)和 NGK 公司合作开发钠硫蓄电池作为储能蓄电池,其应用目标瞄准电站负荷调平、UPS 应急电源及瞬间补偿电源等,并于 2002 年开始进入商品化实施阶段,截至 2007 年统计,日本年产钠硫蓄电池功率已超过 100MW,同时开始向海外输出。NGK 公司在阿联酋阿布扎比部署了 180MWh/648MWh 钠硫蓄电池(NAS)储能项目,截至 2021 年已经在全球各地部署 4GWh 以上的钠硫蓄电池储能系统。

5.5.2 钠硫蓄电池的工作原理

钠硫蓄电池是以 Na-beta-Al_2O_3 为电解质和隔膜,并分别以金属钠和多硫化钠为负极和正极的二次蓄电池。

钠硫蓄电池的工作原理如图 5-10 所示,以固体电解质 Na-b(或 b^+)-Al_2O_3(Na^+ 离子导体)为电解质隔膜,熔融硫和钠分别作阴阳极,钠硫蓄电池是靠电子转移而再生能量。

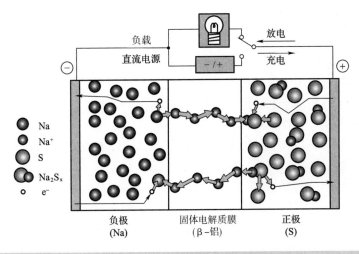

图 5-10 钠硫蓄电池工作原理示意图

5.5.3 钠硫蓄电池的优缺点

1) 充电次数

钠硫蓄电池采用的材料特殊,所以能连续充电近 2 万次,也就是说相当于近 60 年的使用寿命,且终生不用维修,不排放任何有害物质,也无二次污染公害,这是别的蓄电池无法达到的。

2) 充电时间

钠硫蓄电池是靠电子转移而再生能量,所以它充电时间相当短暂,一次充电可运行 10~11h;

3) 比能量高

比能量约是铅酸蓄电池的 10 倍,镍氢蓄电池的 4 倍,锂离子蓄电池的 3 倍。

4) 高功率

钠硫蓄电池可大电流、高功率放电。

5) 充放电效率

钠硫蓄电池的充放电效率几乎高达 100%。

但钠硫蓄电池的不足之处是其工作温度在 300~350℃,需要一定的加热保温。另外,过充电时很危险。

5.6 超级电容

5.6.1 超级电容概述

传统电容为获得较大的电容量,必须增大面积或减少电介质厚度,但这个伸缩空间有限,导致它的储电量和储能量较小。因此传统电容器的面积是导体的平板面积,为了获得较大的容量,导体材料卷制得很长,有时用特殊的组织结构来增加它的表面积。传统电容器是用绝缘材料分离它的两极板,一般为塑料薄膜、纸等尽可能的薄材料。

超级电容器又叫黄金电容或法拉电容,它通过极化电介质来储能,属于双层电容的一种。超级电容一般使用活性炭电极材料,具有吸附面积大,静电储存多的特点。由于其储能的过程并不发生化学反应,因此这种储能过程是可逆的,正因为如此,超级电容器可以反复充放电次数10万次。

目前已经研制出活性炭材料每克表面积可以达到$2000m^2/g$,单位质量的电容量可达$100F/g$,并且电容的内阻还能保持在很低的水平;而且碳材料还具有成本低,技术成熟等优点,使得该类超级电容在汽车上应用最为广泛。

5.6.2 超级电容的工作原理

超级电容电极采用多孔化电极,该电极采用活性炭粉、活性炭和活性炭纤维制成。电解液采用有机电解质。

多孔性的活性炭有极大的表面积,在电解液中吸附着电荷,因而将具有极大的电容量,并可以存储很大的静电能量。双电层超级电容器的充放电过程始终是物理过程,没有化学反应。因此性能是稳定的,与利用化学反应的蓄电池是不同的。

5.6.3 超级电容的电极类型

1) 碳电极

碳电极超级电容器的面积是基于多孔碳材料,该材料的多孔结构允许其面积达到$2000m^2/g$,通过一些措施还可以实现更大的表面积。碳电极超级电容器电荷分离开的距离是由被吸引到带电电极的电解质离子尺寸决定的,该距离($<10Å$)比传统电容器薄膜材料所能实现的距离更小。这种庞大的表面积再加上非常小的电荷分离距离使得超级电容器较传统电容器而言有巨大的静电容量。超级电容器的这一储电特性介于传统的电容器与蓄电池之间。尽管该能量密度比蓄电池低,但是这能量的储存方式,有快充快放的特点,可以应用在传统蓄电池难以解决的短时高峰值电流应用之中。

在电动汽车上广泛使用的主要是碳电极超级电容。

2) 金属氧化物电极

由于金属氧化物(氧化钌)电极电容价格高昂,有二次污染等因素,目前主要用于军事领域。

3) 有机聚合物电极

有机聚合物技术尚未成熟。

5.6.4 超级电容的应用

目前超级电容被广泛应用到新能源汽车中,用作汽车起动、制动、爬坡时的辅助动力。

汽车频繁的起步、爬坡和制动造成其功率需求曲线的变化很大,在城市路况下更是如此。这就需要频繁在峰值功率和工作功率之间切换,无疑会大大损害蓄电池的寿命。如果使用比功率较大的超级电容,当瞬时功率需求较大时,由超级电容提供尖峰功率,从而可以大大增加起步、加速时系统的功率输出。

在制动回馈时吸收尖峰功率,可以减轻对蓄电池或其他功率器件的压力。而且可以高效地回收大功率的制动能量。这样做还可以提高蓄电池的使用寿命,改善其放电性能。

1) 超级电容和蓄电池并联

超级电容的快充快放特点使其十分适合为公交车提供动力。超级电容较低的比能量使得它不太适合单独用作汽车能量源,最好组成复合能源系统,但是这增加了整车的成本。

超级电容和蓄电池采用并联的连接方式。汽车在正常行驶的时候,电容不参与工作。

但当车辆进行加速或上坡时,超级电容通过 DC/DC 变换器的控制提供短期的大电流,不足的部分由蓄电池补充。

例如,某超级电容组汽车采用 272 个电容单元,单体电容电压为 1.39V,串联后工作电压为 190~380V,总质量约 319kg,电容为 18000F。超级电容组和变频器之间串有双向 DC/DC 变换器,当超级电容的电压低于蓄电池的端电压时,DC/DC 变换器通过工作电路降压,使得超级电容达到能量饱和状态。在汽车急加速时,蓄电池急需电容补充能量,这时需要通过控制电路对超级电容能量进行升压,输出到驱动电机变频器正、负输入端,为电机提供能量。

2) 电起动系统

超级电容的串联等效电阻非常小,非常适合做起动电源。超级电容与蓄电池比较有超低串联等效电阻,功率密度是锂离子蓄电池的数 10 倍以上,适合大电流放电。例如,4.7F 的超级电容器能瞬间提供 18A 以上电流;温度范围宽,可在 -40~+70℃ 之间(一般蓄电池在 -20~60℃ 之间)。

3) 汽车部件的辅助能源

除了用于动力驱动系统外,超级电容在汽车零部件领域也有广泛的应用。例如,未来汽车设计使用的 42V 电压,42V 电压为转向系统电机、制动系统电机、空调系统电机或加热、高保真音响及电动座椅等供电。如果使用长寿命的超级电容,可以使得需求功率经常变化的子系统性能大大提高,另外还可以减少车内用于电控制动、电控转向等子系统的布线,同时减少汽车子系统对蓄电池的功率消耗,延长蓄电池使用时间。

5.6.5 超级电容器产业

在超级电容器的产业化方面,美国、日本、俄罗斯、瑞士、韩国、法国的一些公司凭借多年的研究开发和技术积累,目前处于领先地位。例如:美国的 Maxwell,日本的 NEC、松下、Tokin 和俄罗斯的 Econd 公司等,这些公司目前占据着全球大部分超级电容市场。如图 5-11 所示为 Maxwell 公司生产的超级电容。

图 5-11 Maxwell 公司生产的超级电容

5.7 飞轮电池

5.7.1 飞轮电池概述

在本章介绍的储能装置中,化学蓄电池仍然是最主要的储能装置。燃料电池近几年也发展很快,是电动汽车中新型储能装置的主要代表。飞轮装置发展已经比较成熟,由于其远大于化学蓄电池的比功率和比能量,成为目前许多科研工作者的研究重点。

美国飞轮系统公司(AFS)已经生产出了以克莱斯勒 LHS 轿车为原型的飞轮电池轿车 AFS20,

这是一种完全由飞轮电池供电的电动汽车。它由 20 节飞轮电池驱动,每节飞轮电池直径 230mm,质量为 13.64kg,飞轮电池用市电充电需要 6h,而快速充电只需要 15min,一次充电行驶路程可达 560km。飞轮电池汽车从 0 加速到 96km/h,只需要 6.5s,其使用寿命超过 321 万 km。

5.7.2 基本工作原理

如图 5-12 所示,将外界输送过来的电能通过电动机转化为飞轮转动的动能储存起来,当外界需要电能的时候,又通过发电机将飞轮的动能转化为电能,输出到外部负载,而空闲运转的时候要求损耗非常小。事实上,为了减少空闲运转时的损耗,提高飞轮的转速和飞轮储能装置的效率,飞轮储能装置轴承的设计一般都使用非接触式的磁悬浮轴承技术,而且将电机和飞轮都密封在一个真空容器内以减少风阻。

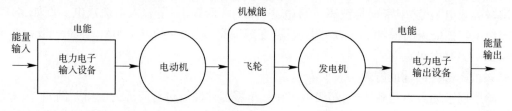

图 5-12 飞轮电池工作原理

发电机和电动机通常使用一台电机来实现,通过轴承和飞轮连接在一起,这样,在实际常用的飞轮储能装置中,主要包括以下部件:飞轮、轴、轴承、电机、真空容器和电力电子装置,飞轮储能装置结构的示意图如图 5-13 所示。

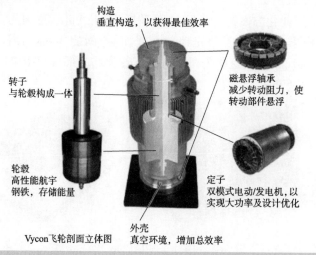

图 5-13 飞轮电池组成

当外部设备通过电力电子装置给电机供电时,双模式电动/发电机就作为电动机使用,它的作用是给飞轮加速,储存能量;当负载需要电能时,飞轮给双模式电动/发电机施加转矩,双模式电动/发电机又作为发电机使用,通过电力电子装置给外部设备供电;在整个飞轮储能装置中,飞轮无疑是其中的核心部件,它直接决定了整个装置的储能多少,它储存的能量由式(5-3)决定:

$$E = \frac{1}{2}j\omega^2 \tag{5-3}$$

式中：E——飞轮储存的能量；

j——飞轮的转动惯量,与飞轮的形状和质量有关；

ω——飞轮转动的角速度。

由式(5-2)可知,飞轮储能装置储存的能量多少就由飞轮的形状、质量和它的转速决定,电力电子装置通常是由FET或IGBT组成的双相逆变器和控制电路,它们决定了飞轮储能装置能量输入输出量的大小。

5.7.3 飞轮电池的性能

飞轮电池充电快,放电完全,非常适合应用于混合能量驱动的车辆中。车辆在正常行驶和制动时给飞轮电池充电。飞轮电池则在加速或爬坡时,给车辆提供动力,保证车辆运行在一种平稳、最优状态下的转速,可减少燃料消耗、空气和噪声污染,并可以减少发动机的维护,延长发动机的使用寿命。飞轮电池比能量比镍氢蓄电池大2~3倍；飞轮电池比功率高于一般化学蓄电池和内燃机,其快速充电可在18min内完成且能量储存时间长。另外,飞轮电池能进行超快速充电,且无化学蓄电池的缩短使用寿命问题,整个电池的使用寿命远长于各种化学蓄电池。最后飞轮为纯机械结构,不会像内燃机产生排气污染,同时也没有化学蓄电池的化学反应过程,不会引起腐蚀,也无废料的处理回收问题。

5.7.4 飞轮电池的核心技术

飞轮储能装置主要包括飞轮、电机和电力电子装置3个核心器件。

飞轮储能方法一直未能得到广泛的应用主要由于3点原因：

(1)飞轮本身的能耗主要来自轴承摩擦和空气阻力；

(2)常规的飞轮是由钢(或铸铁)制成的,储能有限；

(3)要完成电能机械能的转换,还需要一套复杂的电力电子装置。

目前,飞轮储能技术取得突破性进展是基于下述3项技术的飞速发展：

(1)高能永磁及高温超导承轴技术的发展；

(2)高强纤维复合材料技术的发展；

(3)电力电子技术的发展。

5.7.5 飞轮电池的轴承技术

轴承技术是储能飞轮研究的关键技术。由于储能飞轮的质量、转动惯量相对较大,转速很高,其陀螺效应十分明显,并存在过临界问题,因此对支承轴承提出了较高的要求。

机械轴承主要有滚动轴承、滑动轴承、陶瓷轴承和挤压油膜阻尼轴承等,其中滚动轴承和滑动轴承常用作飞轮系统的保护轴承,陶瓷轴承和挤压油膜阻尼轴承在特定的飞轮系统中获得应用。

飞轮的先进支承方式主要有超导磁悬浮、永磁悬浮、电磁悬浮。

1)超导磁悬浮轴承

超导磁悬浮轴承由永磁体与超导体组成。超导体多采用高温超导体,例如钇钡铜氧(YBCO)超导体。

当超导体处于超导态时,具有抗磁性和磁通钉扎性。超导磁悬浮轴承利用抗磁性提供静态磁悬浮力,利用钉扎性提供稳定力,从而实现稳定悬浮。为大功率、短期应用而设计的飞轮系统,通过物体绕轴旋转将动能存储起来,就如同一个动能电池,因而可取代铅酸蓄电池。配备非接触式磁悬浮轴承的高速永磁电动机/发电机,运转中100%悬浮使得转子轮毂在转动时脱离所有金属接触,排除了轴承磨损,无需轴承润滑油或润滑脂,也无需维护。因此,在整个飞轮使用期间都无需更换轴承。与传统蓄电池组不同,飞轮在其20年使用周期中,即使进行无数次高速充放电也不会造成损耗。

处于超导态的超导体有迈斯纳效应,迈斯纳效应是指超导体在磁场中呈现抗磁性。抗磁性指当永磁体接近超导体时,超导体内部产生感应电流。感应电流产生的磁场与外磁场方向相反,由此产生超导体和永磁体间的斥力,使超导体或永磁体稳定在悬浮状态。

超导体的磁化强度取决于超导材料的微观晶体结构。有明显磁通钉扎性的钇钡铜氧(YBCO)超导体所产生的磁悬浮力有黏滞行为,它一方面表现为刚度,另一方面也带来阻尼。由于磁场的不均匀性,转子自转时,定子和转子之间的磁性相互作用会产生摩擦阻力。超导磁悬浮轴承的能量损耗主要包括磁滞损耗、涡流损耗和风损。由于无机械接触,超导磁悬浮轴承的总能耗很小,当然低温液氮的获取和维持需要消耗一定的能量[超导体是由钡钇铜合金制成,并用液氮冷却至77K,飞轮腔抽至8~10Torr(托)的真空度(托为真空度单位,1Torr(托) = 133.332Pa)]。由于旋转体为永磁材料,受强度限制,转速不能太高,一般不超30000r/min。由于具有自稳定性、能耗小、高承载力等优点,超导磁悬浮轴承可以用作储能飞轮系统的支承,提高系统的稳定性和储能效率。

2) 永磁轴承

永磁轴承通常由一对或多个磁环作径向或轴向排列而成,其中也可以加入软磁材料。设计不同排列,利用磁环间吸力或斥力,可作径向轴承,也可用作抵消转子重力的卸载轴承。随着永磁材料的快速发展,永磁轴承的承载力迅速增加。但是只用永磁轴承是不可能实现稳定悬浮,需要至少在一个方向上引入外力(如电磁力、机械力等)对汽车在加速、上下坡及减速时的飞轮轴相对轴承的位置进行校正。永磁体要实现高速旋转,需要减小径向尺寸或者以导磁钢环代替永磁环。

3) 电磁悬浮轴承

电磁悬浮轴承采用反馈控制技术,根据转子的位置调节电磁铁的励磁电流,以调节对转子的电磁吸力,从而将转子控制在合适的位置上。电磁轴承能在径向和轴向对主轴进行定位,使飞轮运转的稳定性和安全性得到一定的提高,电磁轴承的突出优点是可超高速运行,30000~60000r/min是电磁轴承通常的运行范围。

机械轴承、超导磁悬浮轴承、永磁悬浮轴承、电磁悬浮轴承支承方式各有优、缺点,因此在实际应用中常将几种支承方式组合使用。

5.7.6 飞轮电池的应用

就目前的技术来看,飞轮电池电动汽车还不能广泛应用,根据飞轮储能装置本身的特点来讲,它更加适用于混合动力电动汽车技术中,混合动力汽车是靠内燃机和电机两种方式共同提供驱动力的,在汽车正常行驶和制动的时候给蓄电池充电,汽车爬坡和加速,需要功率大的时候让蓄电池放电。

由于普通汽车发动机在大多数工况行驶时输出的功率仅有发动机最大功率的1/4,存在大马拉小车的情况较多。混合动力汽车中蓄电池和电机的加入恰好可以解决这个问题。这样混合动力汽车在设计的时候就可以不用按照汽车的最大功率来进行设计,可以避免出现在正常行驶的过程中出现大马拉小车的现象,大幅度提高汽车的性能。随着磁悬浮技术的发展,飞轮的充放电次数远远大于汽车蓄电池使用的需要,而且飞轮的充放电是化学能和机械能的相互转化,它的放电深度可大可小,绝不会影响蓄电池寿命,同时,由多台驱动电机共同驱动的飞轮系统可以在很短的时间内达到几万转的转速。此外,在飞轮储能装置中,决定输入输出的器件是它外接的电力电子器件,而与外部的负载没有关系,还可以很方便地通过控制飞轮的旋转速度来控制飞轮的充电,这种特点在化学蓄电池中实现起来要困难得多。

混合电动汽车的原理和混合动力汽车差不多,它是将飞轮电池加到化学蓄电池或者其他电池上,做成一块电池,称为飞轮混合电池,共同驱动汽车电动机,典型代表为保时捷(Porsche) 911 GT3 R Hybrid 油电混合动力车(图5-14)。采用飞轮电池(图5-15),这套针对赛车开发的 Hybrid 油电混合动力系统,采用前轮电力驱动搭配后轮发动机驱动的油电混合四驱模式,左右前轮传动轴的两台电机,分别拥有 60kW 的输出功率,搭配输出 350kW 的后置后驱 6 缸水平对置卧式发动机,采用体积小高效能的电控飞轮电池设计,利用飞轮物理储能取代现行主流的镍氢与锂离子蓄电池组设计。飞轮电池组最高转速可达 40000r/min,搭配前轮轴 2 个电动机组成充放电架构。在汽车制动时前轮电机将成为发电机,将前轮制动动能转换为电能并回充至飞轮电机增加电机转速,当驾驶员需要踏踩加速踏板输出动力时,飞轮电池又可供电驱动 2 个前轮电机,Porsche 一次全力放电时,高达 120kW 的前轮总输出动力将可维持 6~8s。

图 5-14 911 GT3 R Hybrid 油电混合动力车
1-电机逆变器;2-驱动电机;3-电缆;4-飞轮电池;5-飞轮电池逆变器

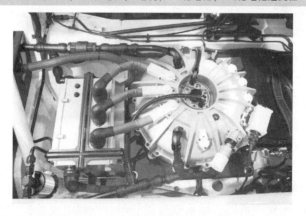

图 5-15 座椅下部的飞轮电池总成

5.8 储能装置的复合结构形式

采用蓄电池、燃料电池、超级电容和飞轮电池等可构成 6 种典型的电动汽车。

5.8.1 蓄电池单独作为能源

图 5-16 所示是现在电动汽车所独有的以蓄电池作动力源的一种结构,也是目前电动汽车应用最多的方式。

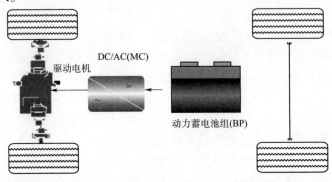

图 5-16 仅蓄电池作为能量源

所选蓄电池应该能提供足够高的比能量和比功率,并且在车辆制动时能回收再生制动能量。比能量影响汽车的续驶里程,而比功率影响汽车的加速性和爬坡能力。因此,同时具有高比能量和高比功率的蓄电池对电动汽车而言是最理想的动力能源。

5.8.2 能量型蓄电池 + 功率型蓄电池

在一种蓄电池不能同时满足对比能量和比功率要求时候,可以在电动汽车上同时采用两种不同的蓄电池,其中一种能提供高比能量,另外一种提供高比功率。图 5-17 为两种蓄电池作混合动力能源的基本结构。

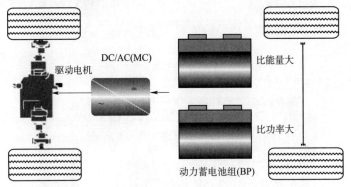

图 5-17 高能量蓄电池 + 高功率蓄电池作为能量源

5.8.3 蓄电池 + 氢气燃料电池

除了蓄电池以外,还可以用燃料电池作为储能装置,它是一个小型的发电装置。燃料电池的工作原理是利用可逆的电解过程,即用氢气和氧气结合产生电和水。氢气可以储存在一个车载的氢气罐里,而氧气可以直接从空气里获得。燃料电池能提供高的比能量,但不能回收再生制动能量,因此最好与一种能提供高比功率,且能高效回收制动能量的蓄电池结合在一起使用。如图 5-18 所示的就是用燃料电池和蓄电池作为混合动力的结构框图。

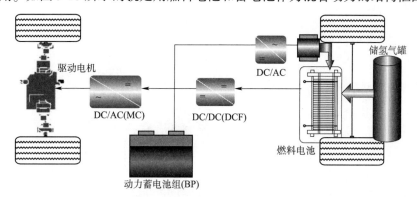

图 5-18　蓄电池 + 氢气燃料电池发动机作为能量源

5.8.4　蓄电池 + 带重整器的燃料电池

燃料电池所需的氢气不仅可用压缩氢气、液态氢或金属氢化物的形式储存，还可以由常温的液态燃料如甲醇或汽油随车产生。图 5-19 是一个带小型重整器的电动汽车的结构简图，燃料电池所需的氢气由重整器随车产生。

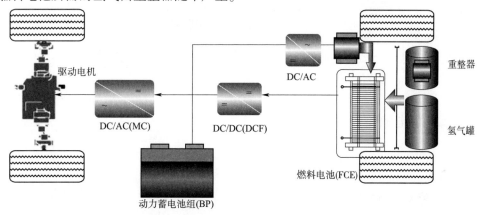

图 5-19　蓄电池 + 带重整器的燃料电池作为能源

5.8.5　蓄电池 + 超级电容器

当用蓄电池与电容器进行混合时，所选的蓄电池必须能提供高比能量，因为电容器本身比蓄电池具有更高的比功率和更高效回收制动能量的能力。由于用在电动汽车上的电容器（通常称为超大容量电容器）相对而言电压较低，所以需要在蓄电池和电容器之间加一个 DC/DC 功率变换器。图 5-20 显示了蓄电池和电容器作混合动力的结构框图。

5.8.6　蓄电池 + 飞轮电池

与超大容量电容器类似，飞轮是另外一种新兴的具有高比功率和高效制动能量回收能力的储能器。用于电动汽车的飞轮与传统低转速笨重的飞轮是不同的，这种飞轮质量轻，且在真空下高速运转。超高速飞轮具有两种工作模式（电动机和发电机）的电动机转子相结合，能够将电能和机械能进行双向转换。图 5-21 显示了这种飞轮和蓄电池作混合动力的结构，所选用的蓄电池应能提供高比能量。飞轮与无刷交流电动机结合使用，应在飞轮和蓄电池之间加一个 AC/DC 变换器。

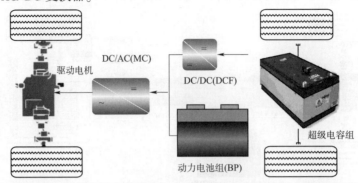

图 5-20 蓄电池+超级电容器作为能量源

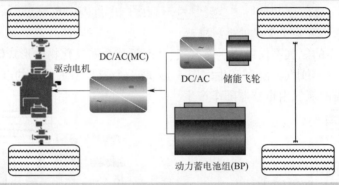

图 5-21 蓄电池+超高速飞轮作为能量源

5.9 蓄电池管理系统

蓄电池管理系统(Battery Management System,BMS)在生产和售后服务资料中多称为蓄电池控制单元(Battery Control Unit,BCU)。

5.9.1 蓄电池管理的必要性

1)蓄电池过热

汽车动力电池要采用大容量的单体锂离子蓄电池,而大容量蓄电池更容易产生过热。单体蓄电池有一定的温度耐受范围,在实际应用中如果体积过大,会产生局部的过热,从而影响蓄电池的安全和性能。因此,单体蓄电池的大小要受到限制,动力和储能蓄电池不可能采用超大的单体锂离子蓄电池。

【说明】在苛刻的使用环境下,$110 \times 110 \times 25 mm^3$ 的 20A·h 锂离子蓄电池,局部最高温度为 135℃;而 $110 \times 220 \times 25 mm^3$ 的 50A·h 锂离子蓄电池,局部温度高达 188℃,更容易发生安全问题。所以有必要监测和控制蓄电池工作温度。

2)蓄电池的性能不完全一致

基于现有的正极材料和蓄电池制造水平,单体蓄电池之间尚不能达到性能的完全一致,在通过串、并联方式组成大功率大容量动力电池组后,苛刻的使用条件也易诱发局部偏差,从而引发性能不一致,引发安全问题。

因此,为确保蓄电池的性能良好、延长蓄电池使用寿命,必须使用 BMS 对蓄电池组的充电电压、充电电流、放电电压、放电电流以及蓄电池电压均衡等进行合理有效的管理和控制,据统计 BMS 可使蓄电池寿命延长 50% 以上。

【说明】生产和使用过程均会造成蓄电池电压、内阻、容量、电流承受能力不一致。

同种蓄电池的生产批次不同时,生产工艺和材料有差异,即使同批次也有差别。蓄电池到用车客户手中时蓄电池被库房存储的时间不同,蓄电池在汽车长时间使用,蓄电池箱内的不同蓄电池材质老化不同步,导致电压、内阻、容量有差异;生产时个别蓄电池内部短路,使用时会有蓄电池自放电;蓄电池组内不同区域温度不同,蓄电池串、并联充放电工作电流,某个单体蓄电池组中出现个别蓄电池漏电。

5.9.2 蓄电池成组问题

蓄电池成组后主要的问题有以下几个方面。

1) 过充/过放

串联的蓄电池组在充电/放电时,由于充/放电时化学反应不一致,部分蓄电池可能先于其他蓄电池充满/放完。继续充电/放电就会造成过充/过放,锂离子蓄电池的内部副反应将导致蓄电池容量下降、热失控或者内部短路等问题。

2) 过大电流

并联、老化、低温等情况,均会导致部分蓄电池的电流超过其承受能力,降低蓄电池的使用寿命。

3) 温度过高

局部温度过高,会使蓄电池的各项性能下降,最终导致内部短路和热失控,产生安全问题。

4) 短路或者漏电

因为振动、湿热、灰尘等因素造成蓄电池短路或漏电,威胁驾乘人员的人身安全。

5.9.3 蓄电池管理系统功能

BMS 的功能是要避免蓄电池成组后出现的问题,因此需要动态监测动力电池组的工作状态,为此要利用蓄电池电压、电流和温度进行管理。

1) 输入信号

(1) 电压。

利用成组或每块蓄电池的端电压进行蓄电池储能一致性计算、总电压计算,采集成组后的蓄电池是降低成本和提高可靠性的一种实用方式。

(2) 温度。

利用温度传感器对每个蓄电池的温度进行直接监测是不现实的,实用的汽车制造商采用的方法是监测蓄电池箱内的温度,作为温度控制的依据。

(3) 电流。

利用电流信号估算出各蓄电池的荷电状态(State of Charge, SOC);利用电流和电压共同推断蓄电池的健康状态(State of Health, SOH)和电化学状态(State of Electroformation, SOE)。

(4) 绝缘电阻。

利用漏电保护器监测蓄电池的正极对车身、负极对车身、甚至正极对负极的绝缘电阻。

(5)高压继电器触点监测。

利用高压上电继电器触点两端的电压监测,实现高压继电器触点粘连监测。

【专业指导】这样的汽车一般不设计检修塞,同时自诊断程序中也会有下电程序,仪表在修理人员执行下电程序后,仪表会有下电成功的显示,这样就减少了再次验电的麻烦。

2)输出控制

(1)有故障蓄电池监测。

能够及时给出蓄电池状况,找出故障蓄电池所在箱号和箱内位号,挑选出有问题的蓄电池,保持整组蓄电池运行的可靠性和高效性。

【专业指导】通过诊断仪找出有故障单体蓄电池后,更换蓄电池时,要将新蓄电池或旧的但未坏的蓄电池充电或放电至蓄电池箱中剩余蓄电池的状态,才能换上新的单体蓄电池。

(2)蓄电池温度管理。

蓄电池温度管理根据蓄电池箱内的蓄电池温度控制冷却执行器,执行器分为加热功能和冷却功能。

蓄电池加热设计只针对锂离子蓄电池,镍氢蓄电池则不必加热。加热方式可采用PTC加热冷却液,热量经冷却液给蓄电池箱加热,也可在蓄电池箱内直接采用PTC进行加热。

蓄电池冷却方式分为风冷和水冷两种。水冷方式一般针对锂离子蓄电池,冷却可采用制冷空调对冷却液制冷,冷的冷却液再给蓄电池箱冷却,也可在蓄电池箱内直接采用空调蒸发器进行冷却。风冷一般针对镍氢蓄电池,仅通过鼓风机对蓄电池箱进行通风控制。

【专业指导】锂离子蓄电池的温度管理执行器为PTC加热器和制冷空调,镍氢蓄电池温度管理执行器为通风用鼓风机。

(3)SOC仪表。

将估算的剩余电量显示出来或换算成可续驶里程,同时,还需要有自动报警和故障诊断功能,方便驾驶人员操作和处理。

(4)充电机控制。

蓄电池管理系统通过总线将蓄电池管理系统计算出来的适合充电电压、电流发给充电机,通过控制充电机,防止蓄电池产生过充电或过放电现象。

蓄电池管理系统(BMS)的任务、输入和输出见表5-4。

表5-4 BMS的主要任务和输入输出

蓄电池管理系统(BMS)主要任务	输入信号	执行部件
防止过充	蓄电池电压、电流、温度	充电机
避免过放	蓄电池电压、电流、温度	电动机功率变换器
温度控制	蓄电池温度	冷热空调(风扇等)
蓄电池组件电压和温度的平衡	蓄电池电压和温度	平衡装置
预测蓄电池的SOC和剩余行驶里程	蓄电池电压、电流、温度	显示装置

充电站充电机的性能的要求是大容量、长寿命、快速响应、可涓流充电,因此对BMS的要求方面有所不同,但总体功能仍与动力电池的BMS类似,起到监控蓄电池SOC和SOH状态、动态充放电、智能管理和输出控制等功能。

5.10 丰田普锐斯蓄电池管理系统

5.10.1 系统主要部件

第二代丰田普锐斯的蓄电池箱结构如图 5-22 所示。

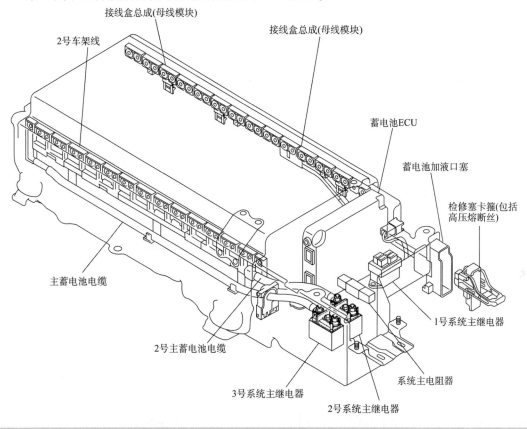

图 5-22 丰田普锐斯高压蓄电池箱部件名称和位置

5.10.2 系统控制

1) HV 蓄电池总成管理和安全保护功能

(1) 车辆加速时,蓄电池总成放电。车辆减速时,蓄电池总成通过转换制动能量充电。蓄电池 ECU 根据电压、电流和温度测算 HV 蓄电池的 SOC(充电状态),然后将结果发送至 HV ECU。混合动力车辆控制 ECU 根据 SOC 执行充电和放电控制。

(2) 如果故障发生,则蓄电池 ECU 执行安全保护功能,依照故障程度保护 HV 蓄电池总成。

2) 蓄电池鼓风机电机控制

车辆行驶时,为了控制 HV 蓄电池总成温度的升高,蓄电池 ECU 根据 HV 蓄电池总成的温度决定并控制蓄电池鼓风机的转速。

3) MIL 故障灯控制

如果蓄电池 ECU 检测到影响排放的故障,它将把 MIL 故障灯点亮的请求输送给混合动力车辆控制 ECU,由混合动力控制 ECU 控制仪表故障灯(蓄电池 ECU 不直接点亮 MIL 故障灯)。

5.10.3 系统工作原理

混合动力电池系统如图 5-23 所示。从图 5-23 可知其蓄电池管理系统对蓄电池的管理采用了分组管理，168 块单体蓄电池分成 14 组，一组的蓄电池数为 12 个单体，标称电压为 14.4V，蓄电池总电压是各组蓄电池电压的和。

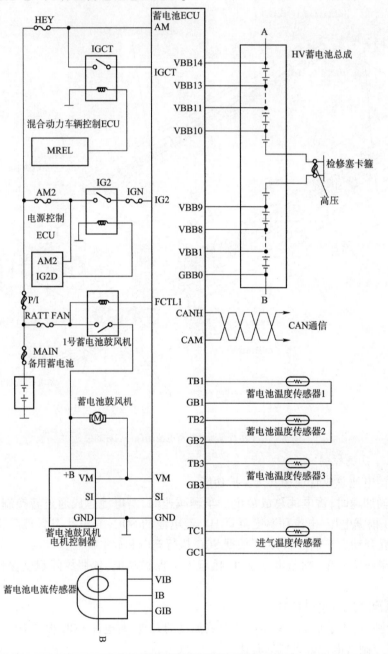

图 5-23　丰田普锐斯镍氢蓄电池管理系统电路图

蓄电池的电流监测通过霍尔式电流传感器实现，对蓄电池的电流进行数值积分可确定蓄电池容量(SOC)。

镍氢蓄电池的温度由蓄电池箱内的3个温度传感器确定,蓄电池的进风口采用一个温度传感器,出风口采用两个温度传感器。进气鼓风机采用调速控制模块进行转速控制,由进风口和出风口温度差,以及一个进风口进气温度传感器决定转速。

蓄电池管理系统生成上述信息和自诊断的故障等信息通过CAN总线实现网络共享。

5.11 蓄电池管理系统

蓄电池管理系统主要执行以下工作:电压、电流与温度测量;计算蓄电池SOC;计算蓄电池放电深度DOD;计算最大允许放电电流;计算最大允许充电电流;预测蓄电池使用寿命指数和SOH;故障诊断。

5.11.1 SOC的估算方法

传统的SOC基本估算方法有开路电压法、内阻法和安时法等。近年来又相继研发出许多对蓄电池SOC的新型算法。各种智能算法和新型算法不够成熟,有些复杂算法在单片机系统上难以实现。为了更准确估算SOC,在算法中还需要考虑对蓄电池的温度补偿、自放电和老化等多方面因素,这也加大了算法的复杂程度。目前国内实际应用的实时在线估算SOC的方法大多采用以电流积分为主,加上不同的电压修正的方式(开路电压法、零负载电压法),但是测量精度还达不到很好的效果。

1) 安时法(电流积分)

安时法是目前唯一可以精确计算蓄电池组SOC的方法,要求标定SOC初始值,需要精确计算充电效率或放电倍率,需要以恒电流对蓄电池组进行充放电,必须将蓄电池组彻底放电,存在累计误差。

2) 开路电压法

开路电压法是蓄电池在充分静置之后测得的开路电压值,计算SOC,正相关性容易受温度、静止时间等因素的影响;电压处于平台上,SOC估算易造成较大误差。

3) 直流内阻法

直流内阻法是直流内阻在SOC处于50%以下时,呈负相关性,当SOC处于50%至80%之间时不适用;直流内阻很小,准确测量困难;受其他很多非线性因素的影响;

蓄电池电解液有效质量法适合铅酸蓄电池,不适合镍氢和锂离子蓄电池;其他方法还有零负载电压法、放电法、在线辨识蓄电池的准确模型、电化学分析法、线性模型法。

5.11.2 动力电池组的安全管理

动力电池组管理系统要承担动力电池组的全面管理,一方面保证动力电池组的正常运作,显示动力电池组的动态信息,并能及时报警,使驾驶员随时都能掌握动力电池组的情况;另一方面要对人身和车辆安全进行保护,避免因蓄电池引起的各种事故。

蓄电池与蓄电池、蓄电池组与蓄电池组之间需要用高压电缆连接。当动力电池组的总电压较高或采用高压直流输出时,高压电缆的截面积比较小,有利于电线束的连接和固定,但高电压要求有更可靠的防护。

当动力电池组的总电压较低时,则电流比较大,高压电缆的截面积则比较粗,高压电缆很硬,不能随意形变,安装较不方便。各个蓄电池箱之间还需要用高压电缆将各个蓄电池箱串联起来,一般在最后输出一箱中加装手动或自动断电器,以便在安装、拆卸和检修时切断电流。另外,在蓄电池箱中还有各种传感器线束,因此在汽车上有尺寸很长的各种各样的电线束,要求电线之间有可靠的绝缘,并能快速进行连接。

动力电池组的总电压可以达到 90～400V,高电压对人体会造成危害,应采取有效的隔离措施,一般是将动力电池组与车辆的乘坐区分离,将动力电池组布置在地板下面或车架的两侧。在正常的情况下,车辆停止使用时,通常会自动切断电源,只有在汽车起动时才接通电源。当汽车发生碰撞或倾覆时,蓄电池管理系统应能立即切断电源,防止高压电引起的人身事故和火灾,并防止电解液造成的伤害,以保证人身安全。可以利用安全气囊触发 BMS 管理系统控制自动开关断开。

蓄电池自身的安全问题,尤其是锂离子蓄电池在过充电时会着火甚至爆炸,因此蓄电池使用的安全问题是国内外各大汽车公司和科研机构当前所面临和必须解决的难题,它直接影响电动汽车是否能够普及应用。BMS 在安全方面主要侧重于对蓄电池的保护,以及防止高电压和高电流的泄漏,其所必备的功能有:过电压和过电流控制、过放电控制、防止温度过高、在发生碰撞的情况下断开蓄电池供电。这些功能可以与电气控制、热管理系统相结合来完成。许多系统都专门增加蓄电池保护电路和蓄电池保护芯片。例如文献中的 BMS,其智能蓄电池模块的电路设计还具有单体蓄电池断接功能。安全管理系统最重要的是及时准确地掌握蓄电池各项状态信息,在异常状态出现时及时发出报警信号或断开电路,防止意外事故的发生。

5.11.3 蓄电池箱热管理系统

汽车上使用的动力电池组在工作时都会有发热现象,不同的蓄电池的发热程度各不相同,有的蓄电池在夏季采用自然通风即可满足蓄电池组的散热要求,但有的蓄电池则必须采取强制通风来进行冷却,才能保证蓄电池组正常工作并延长蓄电池的使用寿命。

至于蓄电池工作时,会产生较高的温度,理想状态可以充分利用其产生的热量用于取暖和风窗玻璃除霜等,使热量得到管理与应用,但实际汽车结构设计决定很难利用这部分热能或不经济。

另外,北方冬季有的蓄电池需要加保温蓄电池箱,并设计恒温控制系统。蓄电池组装在一个系统中,各个蓄电池的温度应保持一致或相接近。

根据动力电池组在电动车辆上的布置,动力电池组的温度管理系统中,首先应合理安排动力电池组的支架,要求便于动力电池组或其分组能够便于安装,能够实现机械化装卸,便于各种电线束的连接。在动力电池组的支架位置和形状确定后设计通风管道、风扇、动力电池组 ECU 和温度传感器等。

蓄电池在不同的温度下会有不同的工作性能,如铅酸蓄电池、锂离子蓄电池和镍氢蓄电池的最佳工作温度为 25～40℃。温度的变化会使蓄电池的 SOC、开路电压、内阻和可用能量发生变化,甚至会影响到蓄电池的使用寿命。温度的差异也是引起蓄电池不均衡的原因之一。

热管理系统的主要任务是使蓄电池工作在适当的温度范围内,降低各个蓄电池模块之间的温度差异。

使用车载空调器可以实现对蓄电池温度的控制,这也是电动汽车常用的温度控制方法,例如利用空调制冷剂通入蓄电池的散热器内部。

5.11.4 蓄电池组均衡方法

针对纯电动汽车,蓄电池组也称蓄电池包(PACK)有别于单体蓄电池,在我国目前的锂离子蓄电池制造水平下,单体蓄电池之间的性能差异在其整个生命周期里不可避免会存在,组合成多节串联PACK后如不采取技术措施,单体蓄电池在充放电过程中的不一致会导致单体蓄电池由于过充、过放而提前失效,要想避免单体蓄电池由于过充、过放导致提前失效,使PACK的性能指标达到或者接近单体蓄电池的水平,必须对蓄电池组中单体蓄电池进行均衡控制,蓄电池组均衡的使命是将多节串联后的PACK内部各蓄电池单体充放电性能恶化减到最小或使其消失。

避免PACK内部各蓄电池单体放电时产生性能恶化,采用简单的控制电路就可做到,但充电时避免PACK内部各蓄电池单体产生性能恶化,却有较大难度,这使充电均衡成为PACK均衡的一个主要问题。

多节动力电池组的均衡控制有3种:分别是单体蓄电池充电均衡、充放电联合均衡和动态均衡。

1) 充电均衡

对电压低的单体蓄电池进行充电以达到平衡,一个容量及放电功率平衡设计良好的系统中,只要充电均衡控制到位,最差单体蓄电池的性能也能达到出厂指标。

2) 充放电联合均衡

如果充电均衡控制不能到位,充放电联合均衡就变得非常重要,在这一情况下,总均衡量是充放电均衡量相加之和,但这种方式对蓄电池非常不利,因为,充电时,仍有可能出现过充。

放电均衡是蓄电池包放电时,其放出能量为所有单体蓄电池能量的平均和。放电均衡决不能解决单体锂离子蓄电池组合成蓄电池包后性能恶化的主要问题。

事实上无需放电均衡,此时的充电均衡控制到位指每次充电均衡控制,都可使最差单体蓄电池的电压回复到充满就可,这一均衡方式下的蓄电池包的各项性能由最差单体蓄电池的性能决定,最差单体蓄电池的性能如果达到出厂指标,蓄电池包各项性能就能达到设计指标。

3) 动态均衡

动态均衡是在锂离子蓄电池的使用和闲置全程中进行的充放电均衡。它可以通过延长均衡的时间来掩盖充放电均衡量不够所产生的问题。在动态均衡下,因为蓄电池每时每刻都在细微均衡,故在充电和放电时所需要的均衡量大幅下降。

5.11.5 蓄电池均衡技术

为了克服单体蓄电池不一致带来的严重影响,在蓄电池使用中,人们提出了对蓄电池进行均衡的要求。为此,近十几年来,许多蓄电池管理系统(BMS)的研发者,采用了各种各样的方法来进行蓄电池的均衡。归纳起来有以下几种方法:分流法(旁路法)、切断法和并联法。

1) 分流法(旁路法)

在充电时,当某一单体蓄电池的充电电压超过设定值时,通过并联在该单体蓄电池的电阻分流该单体蓄电池的一部分电流,从而达到降低该单体蓄电池充电电压的目的。这种方案,结构复杂,体积大,分流时发热量大,通用性差。此种分流方法,未必非要在单体蓄电池过压后才开始分流,可以在电压比平均电压高时就开始分流平衡。

2)切断法

在充电时,当某一单体蓄电池的充电电压超过设定值时,通过自动控制开关切断该单体蓄电池的电路,同时闭合旁路开关,电流绕过这块单体蓄电池,继续向下一块单体蓄电池充电。切断法开关个数是单体蓄电池数目的2倍。切断法需要充电器配合,要求充电器能够动态适应每1个单体蓄电池到全部单体蓄电池充电的能力,且在切换单体蓄电池后要能够动态的调整充电电压,充电电流,实现恒流,恒压充电以及浮充等,对充电器的要求比较高。

3)并联法

就是把每个单体蓄电池按先并后串的连接方式使用。这也是一些蓄电池生产厂家和蓄电池的使用者,企图利用一些小容量蓄电池组成大容量、高电压蓄电池组所采用的方法。蓄电池并联后,无法测量各单体蓄电池的电压,因而就无法实施对蓄电池组中各单体蓄电池的监控。可见,用并联法是无法实现蓄电池组每个单体蓄电池的均衡效果的。

5.11.6 蓄电池管理系统的故障诊断

故障诊断功能是BMS的重要组成部分,故障诊断可以在动力电池组工作过程中,实时掌握蓄电池的各种状态,甚至在停机状态下也能诊断动力电池系统的各个部分(包括蓄电池模块)。

故障级别分为:一般故障、警告故障和严重故障。

BMS根据故障的级别将蓄电池状态归纳成尽快维修、立即维修和蓄电池寿命警告等三类信息传递到仪表板以警示驾驶者,从而保护蓄电池不被过分使用。

1)起动过程的BMS硬件故障诊断

(1)传感器信号的合理性诊断。

(2)蓄电池组电压信号合理性诊断。

(3)起动过程电流信号的合理性诊断。

(4)起动过程温度信号的合理性诊断。

2)行车过程的BMS诊断

(1)对电压、电流和温度传感器进行诊断。

(2)蓄电池组电压一致性故障诊断。

(3)蓄电池组充电过程的过流、过充、充电电压变化率过大的故障诊断。

(4)蓄电池组放电过程的过流、过放、放电电压变化率过大的故障诊断。

(5)通信系统故障诊断。

(6)鼓风机故障诊断。

(7)高压电控制故障诊断。

3)故障诊断的处理

(1)将故障级别分3种不同级别进行,分别第一级报警、第二级故障、第三级危险。

(2)将故障级别通过CAN总线送至仪表和汽车管理系统。

(3)将故障诊断结果参与蓄电池实际工作电流的控制。

(4)若出现故障的第二级别或第三级别时,应进行高压上下电控制。

习题

1. 简要写出储能装置的性能指标有哪些。
2. 简要写出锂离子蓄电池的性能指标。
3. 简要写出镍氢蓄电池的性能指标。
4. 简要写出飞轮电池的性能指标。
5. 简要写出超级电容的性能指标。

第6章 电动汽车充电

学习目标

1. 简要说出车载充电机的功率指标。
2. 简要说出充电操作过程。
3. 简要说出直流充电过程。

情境引入

小林父亲正在给新购买的日产聆风纯电动汽车充电,想听他介绍一下这款车的充电知识。

6.1 电动汽车充电方式

6.1.1 常规充电方式

该充电方式采用恒压、恒流的传统充电方式对电动车进行充电。以相当低的充电电流为蓄电池充电,电流大小约为 15A,若以 120A·h(例如 360V,即串联 12V,100A·h 单体电池 30 个)的蓄电池组为例,充电时间要持续 8h。相应的充电器的工作和安装成本相对比较低。电动汽车家用充电设施(车载充电机)和小型充电站多采用这种充电方式。车载充电机是纯电动轿车的一种最基本的充电设备。电动机作为标准配置固定在车上或放在行李舱里。由于只需将车载充电器的插头插到停车场或家中的电源插座上即可进行充电,因此充电过程一般由客户自己独立完成。直接从低压照明电路取电,电功率较小,由 220V,16A 规格的标准电网电源供电。在 SOC 达到 95% 以上典型的充电时间为 8~10h。这种充电方式对电网没有特殊要求,只要能够满足照明要求的供电质量就能够使用。由于在家中充电通常是晚上或者是在电低谷期,有利于电能的有效利用,因此电力部门一般会给予电动汽车用户一些优惠,例如在供电低谷期充电打折。

小型充电站是电动汽车的一种最重要的充电方式,充电机设置在街边、超市、办公楼、停车场等处。采用常规充电电流充电。

电动汽车驾驶员只需将车停靠在充电站指定的位置上,接上电线即可开始充电。计费方式是投币或刷卡,充电功率一般在 5~10kW,采用三相四线制 380V 供电或单相 220V 供电。其典型的充电时间是:补电 1~2h,充满 5~8h(SOC 达到 95%以上)。

6.1.2 快速充电方式

快速充电方式是指在短时间内使蓄电池达到或接近充满状态的一种方法。该充电方式以 $1C~3C$ 的大充电电流在短时间内为蓄电池充电。充电功率很大,能达到上百千瓦。该充电方式以 150~400A 的高充电电流在短时间内为蓄电池充电,与前者相比安装成本相对较高。快速充电也可称为迅速充电或应急充电,其目的是在短时间内给电动汽车充满电,充电时间应该与燃油车的加油时间接近。大型充电站(机)多采用这种充电方式。

电动汽车充电设备主要包括充电站及其附属设施,如充电机、充电站监护系统、充电桩、配电室以及安全防护设施等,如图 6-1 所示为充电站控制示意图。

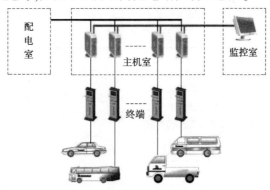

图 6-1 充电站控制示意图

大型充电站(机)的快速充电方式主要针对长距离旅行或需要进行快速补充电能的情况进行充电,充电机功率很大,一般都大于 30kW,采用三相四线制 380V 供电。其典型的充电时间是:10~30min。这种充电方式对蓄电池寿命有一定的影响,特别是普通蓄电池不能进行快速充电,因为在短时间内接受大量的电量会导致蓄电池过热,对于锂离子蓄电池可能发生着火或爆炸。

快速充电站只能采用非车载快速充电组件,也称直流充电桩,它能够输出 35kW 甚至更高的功率。由于功率和电流的额定值都很高,因此这种充电方式对电网有较高的要求,一般应靠近 10kW 变电站附近或在监测站和服务中心中使用。此外,该充电方式对附近的电网产生一定的谐波污染,还需采取较为复杂的谐波抑制措施,与慢充的交流充电桩相比安装成本相对较高,只适合大型充电站使用。

6.1.3 无线充电方式

无线充电方式包括电磁感应式(图 6-2)、磁场共振式、无线电波式 3 种。3 种充电方式对比如表 6-1 所示。电动汽车非接触充电方式的研究目前主要集中在感应式充电方式,不需要接触即可实现充电,目前,日产和三菱都有相关产品推出,其原理是采用了可在供电线圈和受电线圈之间提供电力的电磁感应方式,即将一个受电线圈装置安装在汽车的底盘上,将另一个供电线圈安装在地面,当电动汽车驶到供电线圈装置上,受电线圈即可接收到供电线圈的电流,从而对蓄电池进行充电。目前,采用该装置完成充电的成本较高,还处于实验室研发阶段,其功能还有待时间验证。此外,非接触式充电方式的原理还包括磁共振和微波等,技术都被日本厂商垄断。

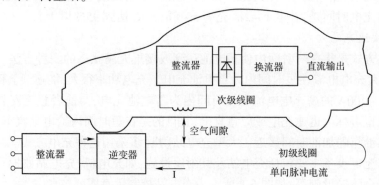

图6-2 感应式充电示意图

三种无线充电方式比较　　　　　　　　　　　表6-1

方式	电磁感应	磁共振	微波
充电原理	向地面下的初级线圈提供交流电流,线圈产生交变磁场,感应在车底部的次级线圈,次级线圈产生交流电	基本原理与电磁感应相同,只是初级线圈和次级线圈使用同一共振周波,可将阻抗控制在最低,增大发送距离	充电部分和接收部分均采用2.45GHz的微波
使用频率范围	22kHz	13.56MHz	2.45GHz
输出功率	30kW	1kW	1kW
传送距离	100mm	400mm	1000mm
充电效率	92%	95%	38%
日本研制企业	昭和飞行机工业	长野日本无线	三菱重工业

电动汽车无线充电方式是近几年国外的研究成果,其原理就像在车里使用的移动电话,将电能转换成一种符合现行技术标准要求的特殊激光或微波束,在汽车顶上安装一个专用天线接收即可。有了无线充电技术,公路上行驶的电动汽车或双能源汽车可通过安装在电线杆或其他高层建筑上的发射器快速补充电能。电费将从汽车上安装的预付卡中扣除。

沃尔沃(Volvo)C30电动车进行感应式充电。电动汽车充电不再需要电源插座或充电电缆,利用感应充电法,电能通过埋在路面内的充电板无线传送给汽车的蓄电池,实现从路面直接给汽车充电。这一技术将极大地降低充电时间,以沃尔沃C30电动车为例,在蓄电池完全放电的情况下,给24kW·h大小的蓄电池组完全充电,预计仅用80min。

微波充电方式也叫移动式充电。对电动汽车蓄电池而言,最理想的情况是汽车在路上巡航时充电,即所谓的移动式充电(MAC)。这样,电动汽车用户就没有必要去寻找充电站、停放车辆并花费时间去充电了。MAC系统埋设在一段路面之下,即充电区,不需要额外的空间。

接触式和感应式的MAC系统都可实施,对接触式的MAC系统而言,需要在车体的底部安装一个接触拱,通过与嵌在路面上的充电元件相接触,接触拱便可获得瞬时高电流。当电动汽车巡航通过 MAC 充电区时,其充电过程为脉冲充电。对于感应式的 MAC 系统,车载式接触拱由感应线圈所取代,嵌在路面上的充电元件由可产生强磁场的高电流绕组所取代。很明显,由于机械损耗和接触拱的安装位置等因素的影响,接触式的 MAC 对人们的吸引力不大。

电磁感应式非接触充电系统存在以下 3 方面的问题:送电距离比较短,如果两个线圈的横向偏差较大传输效率就会明显下降。目前来看只能实现传输距离为 10cm 左右,而汽车底盘的离地间隙明显与这个距离有着非常大的偏差,因此这是一个很大的问题。需要考虑很多的散热问题,比如线圈之间的发热。还有一个问题就是耦合的辐射问题,电磁波的耦合会不会存在大的磁场泄漏。电磁感应在线圈之间传输电力,如同磁铁一样,在外圈有一定的泄漏,人如何避免受影响是个很大问题。线圈之间也是有可能有杂物进入的,还有某些动物(猫狗)进入里面,一旦产生电涡流,就如同电磁炉一样,安全性问题非常明显。一般来说,利用电磁感应原理的无线供电技术最具现实性,并且现在电动汽车上有实际应用。

磁场共振式供电,目前技术上的难点是,小型、高效率化比较难。现在的技术能力大约是直径 0.5m 的线圈,能在 1m 左右的距离提供 60W 的电力。磁场共振方式,则是现在最被看好、被认为是将来最有希望广泛应用于电动汽车的一种无线充电方式。

电磁波输送电方式,现在则提出了利用这种技术的"太空太阳能发电技术"。这种技术能应用的话,可以从根本上解决电动汽车无线充电问题。无线供电,使得电动汽车可以提供这么一种可能:一辆电动汽车从出厂到它报废为止,终生不用你去理会电力补充问题。电动汽车,在太阳能电池技术、无线供电技术、自动驾驶技术的支持下,完全可以颠覆现在的交通概念。若干年以后,在高速公路上,车在自动行驶,而汽车、计算机、手机需要的所有电力都来自从路面下铺装的供电系统或者来自汽车上的接收装置接收的电磁波。随着电动汽车的发展,无线充电技术必定有着广阔的利用空间。

综上所述,电动汽车的充电还是采用普通充电为主、快速补充充电为辅的充电方式。对于电动公交车而言,充电站设在公交车总站内。在晚间下班后利用电网供电低谷充电,时间 5~6h。全天运行的车辆,续驶里程不够时,可利用中间休息待班时间进行补充充电。充电器的数量和容量根据车队的规模而定,充电站由车队管理。采用 $1C \sim 3C$ 的快速充电模式,已经在探讨应用,但应确保在蓄电池的安全和使用寿命的前提下进行。

6.1.4 V to X 充电技术

1) V2G 和 V2H

V2G 和 V2H 是相同的功能,都是在电动车辆的蓄电池和电力网之间交换电力。不过根据使用交流电的对象分为 V2G 和 V2H 两种。

V2G(Vehicle-to-grid)功能是在电动车辆的蓄电池和电力网之间交换电力。通常被这样使用,即当出现地震等自然灾害时,电动汽车开到医院或灾区现场利用车载的蓄电池为其场地的动力机械设备供电,通常可实现交流单相输出,当然成本允许也可以实现三相输出。

V2H(Vehicle-to-Home)主要为家庭充电提供便捷实用的服务。由于大部分车辆 95% 的时间是处于停驶状态,车载蓄电池可以作为一个分布式储能单元。这种双向电力融合,一方面可以提高电网的运行效率;另一方面,用户也可以借助峰谷低电价从中获益。

据说一辆家用电动轿车采用 V2G/V2H 模式,在一般家庭正常使用情况下,每月的电费非但不用支出,甚至还可以得到盈余。所以,V2G/V2H 模式被称为推广纯电动汽车和混合动力电动汽车最好的助推剂。

2) V2V

V2V(Vehicle-to-Vehicle)描述了这样的一个系统:当有一辆电动汽车出现无电无法运行时,有电的电动汽车可以开过来通过充电口对接线为无电的电动汽车充电,从而恢复行驶能力。

3) V2I

V2I(Vehicle-to-Infrastructure)是车辆与基础设施相互间能通信。

V2I 设备是协作式智能交通系统(Cooperative Intelligent Transportation System,C-ITS)的一部分,该系统可以实现车辆和路边基础设施(如交通信号灯)之间共享信息,对于驾驶员所获得的其他车辆和道路使用者等周边状况,其可以确保上述信息的质量和可靠性得到进一步提升。还能迅速将限速、路面结冰警告或其他危险警告、交通拥堵、道路施工警示等信息传送至过往车辆和交通管理中心,整个过程安全可靠。

V2I 技术的成功采用将有利于减少交通拥堵、交通事故等情况的发生,同时也使得与汽车相关的环境污染风险大大降低。

6.2 电动汽车传导式充电接口

6.2.1 充电接口形式

电动汽车传导式充电接口(Electric Vehicle Conductive Charge Coupler)电动汽车传导式充电接口。标准适用于交流额定电压最大值为 380V 和直流额定电压最大值为 600V 的电动汽车用传导式充电接口。

国标规定了两种充电接口:一种是将交流供电电网连接到车载充电机上进行充电的"交流充电"接口;另一种是利用非车载充电机(充电桩)对电动汽车进行"直流充电"的接口。

充电插头的电动汽车国家标准对插头和充电接口的材质、接触电阻、工作时额定电流、额定电压、插拔力、电气性能、防水等级、断开状态、充电状态、防松设置、及时断开等都做了规定。

6.2.2 充电模式和插头颜色

电动汽车充电模式有充电模式1、充电模式2、充电模式3共3种,其中模式1和2使用的电源为交流,模式3使用的电源为直流。

1) 充电模式1

使用车载充电机对电动汽车进行充电时,充电电缆必须符合 GB2099.1 要求的额定电流为 16A 的插头和插座与交流电网进行连接。其额定电压和额定电流应符合要求,单相 220V 交流电,电流 16A,作为家庭使用符合 GB 2099.1 中额定电流为 16A 的标准插座连接交流电网。交流充电接口端子连接方式为 L1(火线)+ N(零线)+ PE(保护接地)+ CP(充电状态控制)+ PP(充电枪连接确认)。

2) 充电模式2

充电模式2包括3种情况,使用特定的供电设备为电动汽车提供交流电源。根据额定电压和额定电流的不同等级将充电情况具体分为:

模式 2.1:采用单相 220V 交流电,电流 32A,交流充电接口端子连接方式为 L1 + N + PE + CP + PP;

模式 2.2:三相 380V 交流电、电流 32A、交流充电接口端子连接方式为 L1 + L2 + L3 + N + PE + CP + PP;

模式 2.3:三相 380V 交流电,电流为 63A、交流充电接口端子连接方式为 L1 + L2 + L3 + N + PE + CP + PP。

充电模式 2 作为商场、停车场等通过特定的供电设备为电动汽车提供交流电源。

3) 充电模式 3

使用非车载充电机对电动汽车进行直流充电,其额定电压 600V DC、额定电流 300A、作为高速公路服务区、充电站等,通过非车载充电机对电动汽车进行直流充电,交流充电接口端子连接方式为 L1 + L2 + L3 + N + PE + CP + PP。

在充电插头的明显区域(如:锁紧装置的控制按钮表面)应有不同颜色来表示不同的充电模式。

蓝色:充电模式 1;黄色:充电模式 2 - 1;橙色:充电模式 2 - 2;红色:充电模式 2 - 3;红色:充电模式 3。

在供电装置一侧须安装漏电保护装置;建议在供电装置一侧安装手动或自动断路器。出于安全的考虑,在充电接口连接过程中,首先连接保护接地端子,最后连接控制确认端子。在脱开的过程中,首先断开控制确认端子,最后断开保护接地端子。

6.2.3 符号标志

充电的电源、充电接口、充电模式等在应用中通常要采用符号表示,符号标志的含义如表 6-2 所示。

符号标志的含义 表 6-2

符　号	含　义	符　号	含　义
Hz	赫[兹]	PP	控制确认 2
~ 或 a.c.	交流电	S +	充电通信 CAN-H
— 或 d.c.	直流电	S -	充电通信 CAN-L
L1、L2、L3	交流电源	▽	充电通信 CAN 屏蔽
N	中线	A +	低压辅助电源正（如:12/24V +）
⏚ 或 ⏛ 或 PE	保护接地	A -	低压辅助电源负（如:12/24V -）
DC +	直流电源正或蓄电池正极	IP XX(有关数字)	IP 代码(GB 4208 规定的防护等级)
DC -	直流电源负或蓄电池负极	CM31	充电模式 3-1
CP	控制确认 1	CM32	充电模式 3-2

6.2.4 交流充电接口

交流充电接口包含 7 个端子,交流充电接口插头和插座的各个端子布置方式如图 6-3 所示。

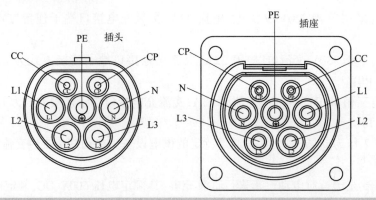

图 6-3 交流充电接口插头和插座端子布置图

交流充电接口端子功能定义：L1、L2、L3 为三相交流电、N 为中线、PE 为保护接地、CP 控制确认 1、CC 控制确认 2 共 7 个端子。

交流充电接口界面如图 6-4 所示。

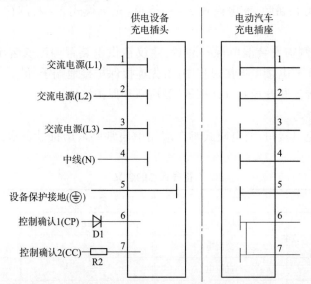

图 6-4 交流充电接口界面示意图

注：其中充电机的充电插头控制确认 CP 是用来实现交流充电桩和车载充电机通信的一条线路，线路采用不同脉冲宽度调制（PWM）的占空比实现。CC 线路是当充电枪插入车辆充电时，车辆识别到充电连接，这是启动充电的开始信号。

6.2.5 直流充电接口功能

1）CM31（充电模式 3-1）

CM31（充电模式 3-1）直流充电接口包含 8 个端子，各个端子的布置方式如图 6-5 所示。直流充电接口端子功能定义如表 6-3。

CM31（充电模式 3-1）直流充电接口　　　　表 6-3

触点编号-功能	功能定义
1-直流电源正（DC+）	连接直流电源正与蓄电池正极
2-直流电源负（DC-）	连接直流电源正与蓄电池负极

续上表

触点编号-功能	功能定义
3-保护接地（PE）	在供电设备地线和车辆底盘地线之间设置的触点。在充电接口连接和断开时,该触点相对于其他触点首先完成连接并最后完成断开
4-充电通信 CAN-H（S+）	非车载充电机与电动汽车相关控制系统进行通信
5-充电通信 CAN-L（S-）	非车载充电机与电动汽车相关控制系统进行通信
6-CAN 屏蔽（▽）	CAN 通信用屏蔽线
7-低压辅助电源（A+）	非车载充电机为电动汽车提供低压辅助电源正
8-低压辅助电源（A-）	非车载充电机为电动汽车提供低压辅助电源负

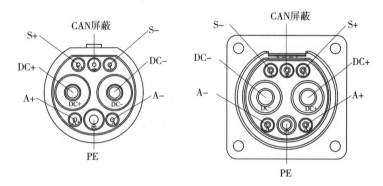

图 6-5　CM31 直流接口充电插头和充电插座布置图

CM31 直流接口充电插头和充电插座界面示意如图 6-6 所示。

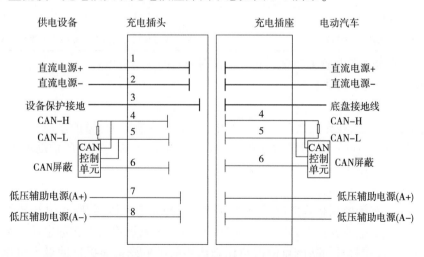

图 6-6　CM31 直流接口充电插头和充电插座界面示意图

2）CM32（充电模式 3-2）

CM32（充电模式 3-2）直流充电接口也包含 8 个端子,各个端子的布置方式如图 6-7 所示。直流充电接口端子功能定义如表 6-4 所示。

图6-7 没有功能盒的随车充电枪

CM32(充电模式3-2)直流充电接口   表6-4

触点编号—功能	功能定义
1-直流电源正(+)	直流电源正
2-直流电源负(-)	直流电源负
3-设备保护接地(PE)	在供电设备接地线和车辆底盘接地线之间设置的触点。在充电接口连接和断开时,该触点相对于其他触点首先完成连接并最后完成断开
4-充电通信CAN-H	非车载充电机与电动汽车相关控制系统进行通信
5-充电通信CAN-L	非车载充电机与电动汽车相关控制系统进行通信
6-CAN屏蔽($\bigtriangledown$)	CAN通信用屏蔽线
7-低压辅助电源(A+)	非车载充电机为电动汽车提供低压辅助电源正极
8-低压辅助电源(A-)	非车载充电机为电动汽车提供低压辅助电源负极

CM32直流接口充电插头和充电插座布置图与CM31完全相同。

6.2.6 充电接口工作原理

1)端子连接顺序

出于安全的考虑,在充电接口连接过程中,端子连接顺序为:保护接地PE,直流电源正DC+与直流电源负DC-,电池管理系统的低压辅助电源正A+和低压辅助电源负A-,充电通信CAN总线;在脱开的过程中则顺序相反。

2)确认充电接口的连接

电动汽车的车辆控制装置能够通过测量检测点的峰值电压,判断充电插头与充电插座是否已充分连接。电流容量的判断是车辆控制装置通过测量检测点2的电压值来确认充电电缆的额定电流,并通过判断该点的占空比确认当前供电设备能提供的最大电流值。电动汽车的车辆控制装置对供电设备、充电电缆及车载充电机电流值进行比较后,按照其中的最小电流值对电动汽车进行充电。

3)输出功率调整

充电过程中输出功率的调整是车辆控制装置应对检测点2信号的占空比进行不间断的

监测。当接收的振荡信号占空比有变化时,车辆控制装置应实时调整车载充电机的输出功率。

4) 充电系统的停止

充电系统的停止是在充电过程中,车辆控制装置不间断测量检测点 2 的峰值电压或占空比。如果信号异常,车辆控制装置应立即关闭车载充电机的输出。供电设备在充电过程中不间断测量检测点 1 的峰值电压,如果信号异常,则断开交流输出端的接触器或开关。

在供电设备无故障情况下,其内部开关为常闭状态。当使用充电电缆将供电设备与电动汽车连接完毕后,供电设备通过测量检测点 1 的峰值电压判断充电电缆是否连接完毕。当供电设备接收到启动信号(如刷卡等)后,闭合其交流输出端的接触器或开关,为电动汽车的车载充电机进行供电。

电动汽车的车辆控制装置通过检测点 2 的峰值电压,判断充电插头与充电插座是否已充分连接。

5) 充电系统的启动

在电动汽车和供电设备建立电气连接后,车辆控制装置通过测量检测点 2 的峰值电压,确认充电电缆的额定电流。车辆控制装置通过判断该点的占空比确认供电设备当前能够提供的最大充电电流值。车辆控制装置对供电设备、充电电缆及车载充电机的额定电流值三者进行比较,将其最小值设定为当前最大允许供电电流。当判断充电接口已充分连接并设置完当前最大允许充电电流后,车载充电机开始对电动汽车进行充电。

在整个充电过程中,车辆控制装置不间断地检查充电接口的连接状态及供电设备的功率变化情况。车辆控制装置应不间断地测量检测点 2 的峰值电压及占空比。当占空比有变化时,车辆控制装置应实时调整车载充电机的输出功率。

6) 充电系统的故障停止

在整个充电过程中,检测点 2 的信号(电压及占空比)出现异常时,车辆控制装置应立即关闭车载充电机输出,停止充电。供电设备在充电过程中不间断测量检测点 1 的峰值电压,如果信号异常,则断开交流输出端的接触器或开关。

7) 特殊模式充电

在充电模式 1 中,充电电缆上可配备占空比固定为 20% 的振荡电路装置来作为控制导引电路。如果供电设备没有配备振荡电路装置,电动汽车在判断充电电缆完全连接后,可以按照充电模式 1 规定的额定电流进行充电。

此过程中交流供电装置一侧应安装手动或自动断路器,其判断步骤如下。

(1) 用充电电缆将车载充电机连接到交流电网。

(2) 车辆控制装置在初次上电后的一定时间内(如 5s)没有接收到振荡器的振荡信号,闭合特殊模式开关 S2 后判断充电接口是否已完全连接(检测点 2 电压小于 2V/4V 为已连接,等于 12V/24V 为未连接)。

(3) 车辆控制装置判断充电接口已完全连接后,可控制车载充电机按照充电模式 1 规定额定电流对电动车进行充电。

(4) 车辆控制装置应在充电过程中不间断监测充电接口连接状态,一旦异常应立即关闭车载充电机。

8) 直流充电接口带载插拔保护原理

在充电过程中,如果没有严格的保护控制措施,直流充电接口的带载插拔会对操作人员造成伤害。因此需要电动汽车的电池管理系统与非车载充电设备相互协调并在充电逻辑上加以控制,从而保证充电接口在插拔过程中不带负载分断。

保护原理是充电接口的插头分别设有相对应的通信端子、直流输出端子及低压辅助电源端子。拔开充电接口时,端子的断开顺序为:通信端子,低压辅助电源端子,直流输出端子。

电池管理系统(BMS)与非车载充电设备(充电桩)在充电过程中的控制逻辑顺序如下。

(1)充电设备通过低压辅助电源端子向电动汽车的电池管理系统供电。

(2)电池管理系统与非车载充电设备进行通信。

(3)在完成握手阶段、配置阶段后,非车载充电设备开始对电动汽车进行充电。

(4)充电过程中,如果100ms内非车载充电设备没有收到电池管理系统周期发送的充电级别需求报文,非车载充电设备立即关闭输出。

(5)充电过程中,如果低压辅助电源端子断开,应有断路接触器切断直流充电回路。

6.3 交、直流充电工作原理

6.3.1 随车充电枪充电原理

1) 随车充电枪

随车充电枪有两种:一种仅是单相供电的充电枪,没有功能盒(图6-7);另一种是带有功能盒的单相供电的充电枪(图6-8)。

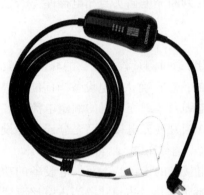

图6-8 带有功能盒的单相供电的充电枪

2) 不带功能盒的随车供电枪充电原理

如图6-9所示,这种不带功能盒的随车供电枪,没有自动断电功能。检测点3用于车辆控制装置检测车辆外部是否插入了充电枪。

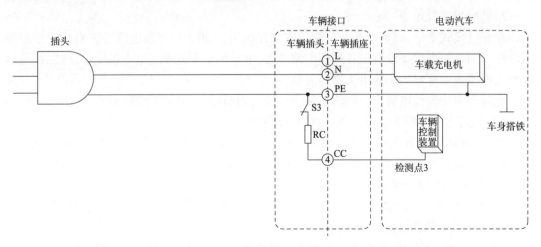

图6-9 不带功能盒的随车供电枪

3)带功能盒的随车供电枪充电原理

这种带有功能盒的随车供电枪,其充电原理如图 6-10 所示,CP 有自动断电功能。

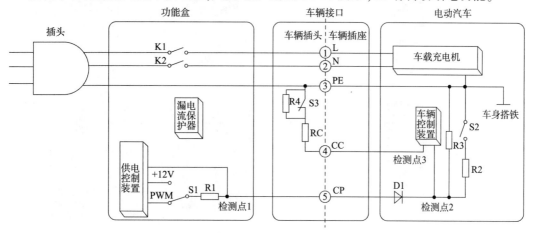

图 6-10 带功能盒的随车供电枪

(1)检测点 1 用于给功能盒内部的供电控制装置提供反馈信号,S1 为电子开关,是 CP 的电流流出端。

(2)检测点 2 用于给车辆控制装置提供反馈信号,S2 为电子开关,若需要实现停止供电,正常充电时 S3 电子开关闭合,电池管理系统发现充电异常时将 S3 电子开关断开,检测点 1 信号发生变化,控制供电控制装置。

(3)检测点 3 用于车辆控制装置检测车辆外部是否插入了充电枪。

车辆控制装置从 CC 端输出 12V 电压,供电枪插入后,供电枪内部有按压开关 S3,R4 电阻可以检测线路是否有通断。

6.3.2 交流充电桩原理

1)交流充电桩类型

交流充电桩布置在学校、停车场、商业圈广场等,由于在露天布置无人管理,必须保证供电安全。保证供电安全的方法是在充电线插到交流充电桩后,其内部的继电器闭合工作,才向外输出交流电。即不插充电枪时,交流充电桩对外的接口是没有电输出的。

交流充电枪的平侧孔为充电用的机械锁孔,在充电时车辆侧的充电座内一个减速电机伸出一根金属杆插入此孔阻止了在充电过程中人为拔下充电枪,解锁依靠驾驶员手中的钥匙车辆开锁键使车门开锁,同时减速电机缩回解除充电枪的锁止。

交流充电桩分为桩带充电枪(图 6-11)和不带枪(图 6-12)两种类型,不带枪的交流充电桩需要车主配有双头枪才能在充电桩上取电。

2)带枪交流充电桩的充电连接原理

这种供电设备上自带随车供电枪,不用车主自带双头充电枪,CP 有自动断电控制功能,其原理图如图 6-13 所示。

(1)检测点 1 用于给供电控制装置提供反馈信号,S1 为电子开关,是 CP 的电流流出端。

(2)检测点 2 用于给车辆控制装置提供反馈信号,S2 为电子开关,若需要实现停止供电,正常充电时 S3 电子开关闭合,电池管理系统发现充电异常时将 S3 电子开关断开,检测点 1 信号发生变化,控制供电控制装置。

图 6-11　带枪交流充电枪　　　　图 6-12　不带枪的交流充电桩(需车主自带双头枪)

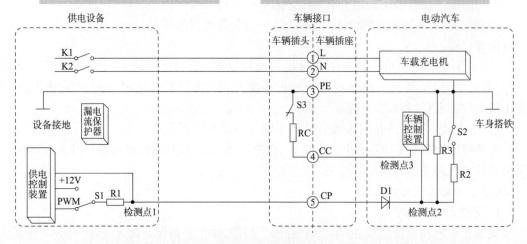

图 6-13　交流供电桩直接带枪的供电桩基本原理(不需要车主带双头枪)

(3)检测点 3 用于车辆控制装置 CC 端识别插座是否被插上了充电枪,车辆控制装置从 CC 端输出 12V 电压,供电枪插入后,供电枪内部有按压开关 S3,S3 开关为常闭型开关,按下充电枪按钮后 S3 开关后断开,充电枪插牢固后,释放此开关,再检测 CC 线路是否有通断,从而确定充电枪连接正常。

3)不带枪交流充电桩的充电连接原理

这种供电设备上不带随车供电枪,需要车主自带双头枪,CP 有自动断电控制功能,其原理如图 6-14 所示。

(1)检测点 1 用于给供电控制装置提供反馈信号,S1 为电子开关,是 CP 的电流流出端。

(2)检测点 2 用于给车辆控制装置提供反馈信号,S2 为电子开关。正常充电时 S3 电子开关闭合,电池管理系统发现充电异常时将 S3 电子开关断开,检测点 1 信号发生变化,控制 K1 和 K2 继电器断开。

车辆控制装置在检测点 2 测得的占空比数值大小用来确认当前供电装置的最大供电电流。

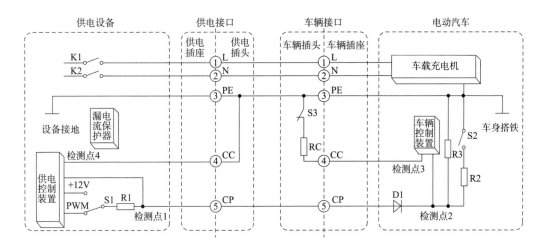

图6-14 交流供电桩不带枪的供电桩基本原理(需要车主带双头枪)

(3)检测点3用于车辆控制装置CC端识别插座是否被插上了充电枪,RC的大小决定了当前充电连接装置电缆的额定容量。车辆控制装置从CC端输出12V电压,供电枪插入后,供电枪内部有按压开关S3,S3开关为常闭型开关,按下充电枪按钮后S3开关后断开,充电枪插牢固后,释放此开关,再检测CC线路是否有通断,从而确定充电枪连接正常。

(4)检测点4用于供电设备CC检测车辆外部是否插入了充电枪。

4)交流充电桩"设备"功能

交流充电桩有漏电断电、过流断电、急停按钮、柜门状态打开停充、接触器状态监测、导引信号CP连接状态、柜体倾斜或进水状态、电磁锁状态等功能。其中,柜体倾斜、柜体进水状态、电磁锁状态一般不安装使用。符合国标的连接导引,可控制在桩与车没有完全连接好、接触不良、意外脱离时及时断开电源。有的插座选配一套电磁锁可保证在充电时将插座与插头锁止而不能拔出以增加安全性。

一般其设计上会有4个开关量输出控制点,用于接触器控制、CP导引信号输出、充电枪头和插座的电磁锁控制、漏电模拟测试/非常紧急停止控制(其中电磁锁早期充电桩没有安装)。另有4个开关量灯控制输出点,用于控制照明LED及红、黄、绿信号LED。

5)交流充电桩"设备"基本原理

交流充电桩的工作原理(图6-15)如下:

(1)充电连接及通信连接。

当交流充电桩上的充电枪插到车上的充电插座时,电池管理系统(BMS)检测到CC线路通过电阻R接地,采样点电位降低,识别充电枪连接。电池管理系统检测没有故障时,闭合电子开关K_2,充电桩内发出的1kHz、40%占空比的±12V的导引脉冲信号经CP线及电子开关K_2形成电池管理系统与交流充电桩的通信回路。

(2)交流供电。

交流充电桩检查自身是否有故障,如果没有故障,则接通交流接触器K_5。交流供电电路由L、N两条导线,经漏电断开开关K_3→过流开关K_4→交流接触器K_5给车载充电机供电。PE保护地线使车身与车外交流供电桩的壳体等电位。

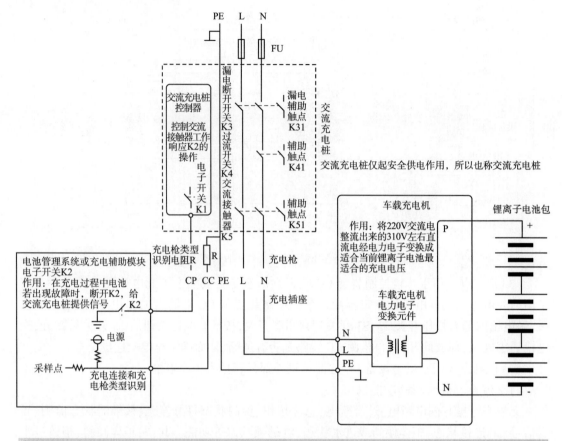

图 6-15 交流供电桩的工作原理

6）其他说明

（1）漏电断开开关 K3。

此开关断开有两个条件：一是过大的电流，一般过流故障此开关并不会断开，故选择额定电流 150% 的电流（50A 左右）；二是漏电检测电流大于限值，在 30mA 以下的漏电电流此开关就能断开。辅助开关 K31 辅助开关提供该开关动作的报警信息。

（2）过流开关 K4。

该开关主要应对故障性浪涌或短路。在回路出现小于 125% 过流时，由弱电系统读取电能表的电流值，发出过流报警或断开接触器（由于通信、判断、执行会有一定的延时，故只限制在回路允许的范围内使用）；当回路出现大于 125% 过流（40A 左右）或短路的大电流过载时，该开关可以实时分断故障，并由辅助接点 K41 提供该故障的报警信息。

（3）交流接触器 K5。

K5 用于控制充电/停止的可控开关，它由弱电系统控制，并由 SM 辅助开关对其动作状态进行检测。

（4）急停按钮。

急停按钮的电磁线圈通电是 220V 交流电，电磁线圈介入工作需要弱电继电器进行控制。急停按钮 ES 上侧开关为系统提供该按钮的状态信息。

(5)充电插座。

为防止充电进行时人为拔出插头的危险动作,交流供电桩和双头充电枪的交流供电桩侧的插座和插头在配合时,有一个机械锁扣可防止意外拔出。

6.3.3 直流充电桩

1)直流充电桩简介

直流充电桩实物图如图6-16所示。直流充电桩是通过内部AC/DC充电模块,将交流电转换成直流电,给电动汽车内的动力电池进行充电。功率等级:单枪30kW或60kW,双枪120kW(两个60kW);输出电压等级:200-450VDC乘用车、300-750VDC商用车、200-750VDC通用型。

2)直流充电桩充电口

如图6-17所示,直流充电枪接口由9根线组成,包括:

(1)直流电源线路,直流充电桩通过DC+、DC-这2根线给电动汽车充电。

(2)设备地线PE,用于实现汽车车身和直流充电桩等电位。

(3)充电通信线路,包括S+、S-,用于实现汽车BMS控制器与充电桩控制器通信。

(4)充电连接确认线路,包括CC1、CC2,用于实现充电插头与插座连接完好。

(5)低压辅助电源线路,包括A+、A-,用于汽车在12V蓄电池不能工作时,保证给汽车上的控制器供电(例如为BMS等控制器和继电器等供电)。

图6-16 直流充电桩

图6-17 直流充电枪接口

3)充电控制流程

电池没有故障时,其充电流程如下:由充电桩管理部门发卡给要充电的用户,用户在充电机界面扫描授权,管理中心识别出卡的类型、用户是谁等;授权通过后,用户插充电枪到电动汽车的充电插座上,进行充电枪的连接确认。确认连接后,充电桩内部的辅助电源给汽车上的电池供电,防止汽车上的蓄电池电量不足或充电过程中出现电量不足。电池管理系统(BMS)被上电后,先与充电机控制器通信,控制直流充电隔离继电器闭合。充电机控制器初始化后,这时电池管理系统将汽车的电池类型、电压、温度以及是否有故障等递给充电机控制器,充电机控制器通过充电控制模块输出适合当前电池类型和状态的充电模式(图 6-18)。

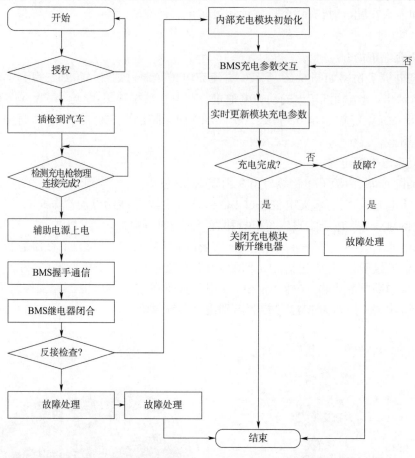

图 6-18 充电控制流程

【专业指导】直流充电隔离继电器在比亚迪 E6 高压配电箱内的 DC + 有一个,DC - 与负极主继电器共用;在北汽 EV160 电子分配单元内 DC + 、DC - 各有一个,与负极主继电器不共用;在吉利 EV300 中这个继电器在蓄电池箱内,BMS 控制单元下部的高压配电箱内 DC + 有两个,其中一个带快充预充功能,DC - 与负极主继电器共用。

4) 直流充电桩结构组成

如图 6-19 所示为直流充电桩的结构组成,直流充电桩由充电模块、12V 开关电源、24V 开关电源、充电桩控制器、直流绝缘检测计量模块、智能电能表、散热风扇等组成。其核心结构是充电模块和充电桩控制器。

5) 直流充电模块

直流充电机(桩)的充电功率很大,小到几十千瓦,大到上百千瓦,直接由一个充电模块来完成这么大的充电功率是不可能的,所以充电桩内有多个直流充电模块并联。直流充电机模块由 APFC(功率因数模块)、DC/AC 逆变模块、高频变压器、AC/DC 整流模块、控制模块、CAN 通信控制模块、保护电路组成,其工作原理如图 6-20 所示。这里以一个充电模块为例做简单介绍。三相电 L1、L2、L3 经过有源功率因数校正(Active Power Factor Correction, APFC)后输出直流电,DC/AC 将直流电变换为交流电后通过 AC/DC 升压或降压(升压或降压取决于汽车中电池的电压是低于 380V,还是高于 380V)。图 6-20 中是一个直流充电模块的输出,直流充电桩要多个这样的模块并联输出到图 6-23 中的 K1、K2 开关上。

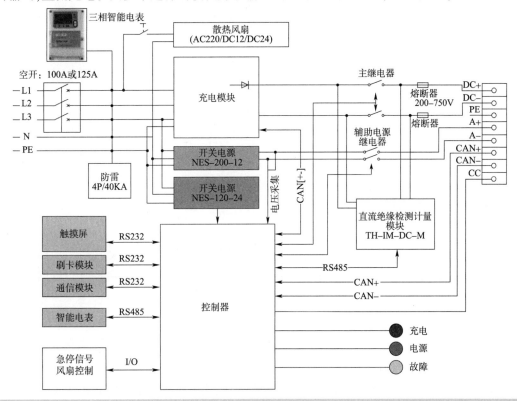

图 6-19 直流充电桩结构示意图

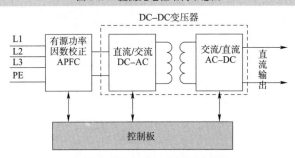

图 6-20 直流充电模块内部功能结构图

6) 直流充电桩工作原理

如图 6-21 所示,左侧是非车载充电机(即直流充电桩),右侧是电动汽车,二者通过充电桩上的充电枪与车辆插座相连。S(Swith)开关是充电枪上的一个常闭开关,与直流充电枪头上的按键(即机械锁)相关联,当按下充电枪头上的按键,S 开关即打开。U_1、U_2 是 12V 上拉电压,R_1 至 R_5 是阻值都是标称为 1kΩ 的电阻,R_1、R_2、R_3 在充电枪上,R_4、R_5 在车辆插座上。车辆控制装置在汽车上指电池管理系统(BMS),非车载充电机控制装置指直流充电机的控制器。K_3、K_4 左侧是 12V 直流电源,用于给汽车上 12V 用电的电池管理系统(BMS)、直流隔离继电器(K_5、K_6)等供电,防止在汽车 12V 蓄电池电量不足或在充电过程中出现电量不足而不能充电。

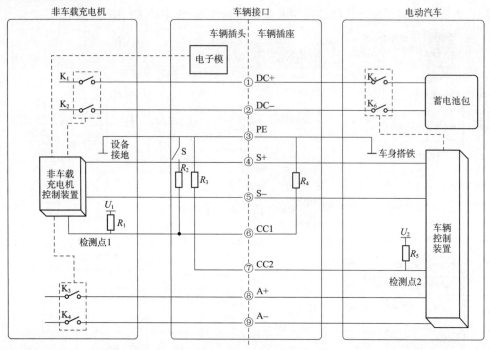

图 6-21　直流充电机模型(参考 ZLG 致远电子)

(1)车辆接口连接确认阶段。

如图 6-22 所示,当按下枪头按键,插入车辆插座,再放开枪头按键,充电桩内部的非车载充电机控制装置可检测到检测点 1 的电平变化。检测点 1 电平会从 12V 至 6V 至 4V 连续变化,即充电枪未插入汽车上充电插座时 CC1 未搭铁,R_4 无电流流过,同时充电枪的 S 开关断开,R_2 无电流流过,这时检测点 1 为 12V;当枪插入充电插座,CC1 接通 R_4 有电流流过时,检测点 1 为 6V;当放开枪头按键时,R_2 和 R_4 并联为 $0.5 k\Omega$,R_1 为 $1 k\Omega$,所以检测点电压为 4V。充电桩的非车载控制装置一旦检测到 4V 电压,充电桩即判断充电枪插入成功,车辆接口完全连接,并将充电枪中的电子锁(若配有此装置)进行锁定,防止枪头脱落。同时,CC2 接通 R_3 和 R_5 串联分 12V 电压,检测点 2 的电压为 6V,电池管理系统(BMS)判断充电枪插入到充电插座中。

(2)直流充电桩自检阶段。

如图 6-23 所示,在车辆接口完全连接后,充电桩将闭合 K_3、K_4 继电器开关,使 12V 低压辅助供电回路导通,为电动汽车控制装置电池管理系统(BMS)供电。车辆电池管理系统(BMS)得到供电后,将根据检测点 2 的电压判断车辆接口是否连接,若电压值为 6V,则汽车电池管理系统(BMS)开始周期发送通信握手报文。接着闭合 K_1、K_2 继电器,进行绝缘检测。所谓绝缘检测,即检测 DC+、DC−、PE 之间线路的绝缘性能,保证后续充电过程的安全性。绝缘检测结束后,将投入泄放回路泄放能量,并断开 K_1、K_2,同时开始周期发送通信握手报文。

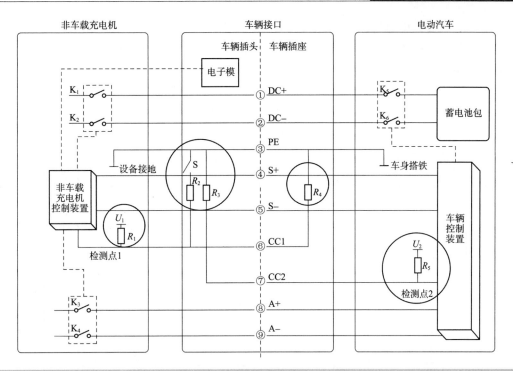

图 6-22　车辆接口连接确认阶段(参考 ZLG 致远电子)

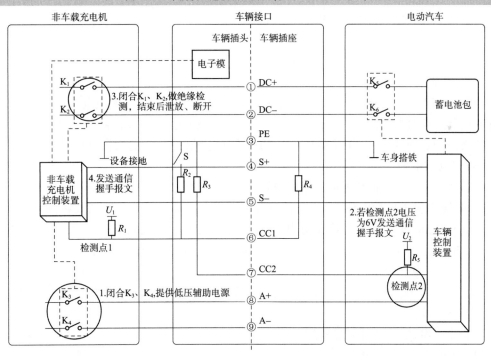

图 6-23　直流充电桩自检阶段(参考 ZLG 致远电子)

(3)充电准备就绪阶段。

如图 6-24 接下来,就是电动汽车与直流充电桩相互配置的阶段,车辆控制 K_5、K_6 闭合,使充电回路导通,充电桩检测到车辆端电池向左侧流出的电压正常(电压与通信报文描述的电池电压误差≤±5%,且在充电桩输出最大与最小电压的范围内)后闭合 K_1、K_2 继电器开关,直流充电线路导通,电动汽车开始充电。

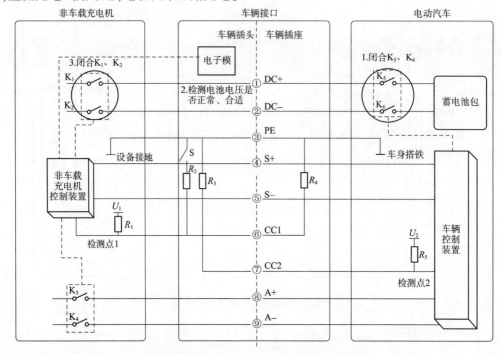

图6-24 充电桩准备就绪阶段示意图(参考ZLG致远电子)

(4)充电阶段。

如图6-25所示,在充电阶段,车辆电池管理系统(BMS)向充电桩充电控制装置实时发送电池充电需求的参数,充电桩会根据该参数实时调整充电电压和电流,并相互发送各自的状态信息,比如充电桩输出电压和电流等,以及车辆电池的电压、电流和SOC(荷电状态)等。

(5)充电结束阶段。

如图6-26所示,车辆会根据汽车电池管理系统(BMS)是否达到充满状态或是受到充电桩发来的"充电桩中止充电报文"来判断是否结束充电。满足以上充电结束条件,车辆会发送"车辆中止充电报文",在确认充电电流小于5A后,电池管理系统断开 K_5、K_6 继电器开关。充电桩在达到操作人员设定的充电结束条件,或者收到汽车发来的"车辆中止充电报文",会发送"充电桩中止充电报文",并控制充电桩停止充电,在确认充电电流小于5A后断开 K_1、K_2,并再次投入泄放电路,然后充电桩控制装置再断开 K_3、K_4 继电器开关,停止向汽车供给12V电压。

7)直流充电桩不充电的故障诊断

(1)充电机中止充电报文。

开始能充电,后来中断充电,读取汽车电池管理系统有充电机发过来的停止充电报文时,说明充电机已将 K_1、K_2、K_3、K_4 4个继电器断开了,当然不能充电,这时应在充电桩上找出充电中断的原因。

第6章 电动汽车充电

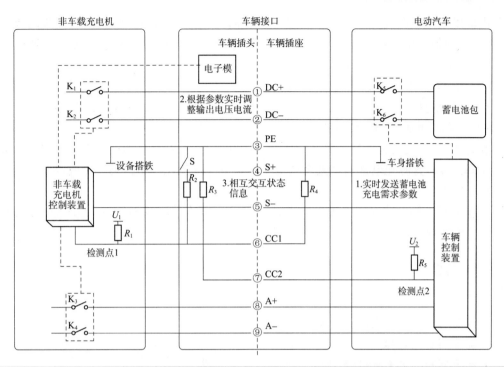

图6-25 充电桩充电阶段示意图(参考ZLG致远电子)

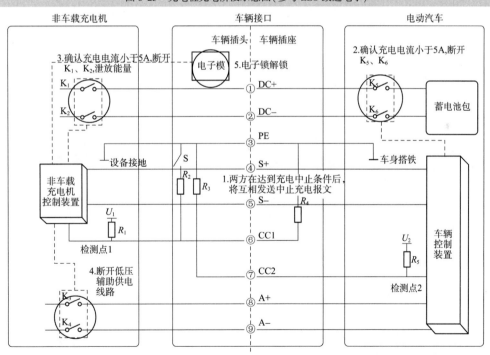

图6-26 充电桩充电结束阶段示意图(参考ZLG致远电子)

(2)充电桩和汽车电池管理系统(BMS)通信超时。

当出现通信超时,电池管理系统(BMS)不能将汽车电池实时信息整理出来的应充电电压和电流发送给充电桩的控制单元时,则在 10s 内将 K_1、K_2、K_5、K_6 继电器断开,临时停止充电,并等待通信成功。若连续 3 次通信中断,则在 10s 内将 K_1、K_2、K_3、K_4、K_5、K_6 继电器断开,彻底停止充电。

(3) 充电电压超过车辆最高允许电压。

原因是充电桩直流充电模块的限压功能失效,充电桩 1s 内断开 K_1、K_2、K_3、K_4。

(4) 充电枪开关 S 由闭合变为断开。

在充电过程中,若充电枪开关 S 由闭合变为断开时,充电桩检测检测点 1 的电压为 6V,不会下降到 4V,这时充电桩的直流充电模块在 50ms 内将输出电流降至 5A 或以下。

(5) 充电枪异外断开。

在车辆意外移动或充电枪脱出插座时,充电桩内的检测点 1 检测到为 6V 或 12V,不是 4V 时,充电桩侧控制 K_1、K_2、K_3、K_4 继电器断开。

习题

1. 简要写出车载充电机的功率系列。
2. 简要写出充电操作过程。
3. 简要写出直流充电过程。

第7章 电动汽车电机

学习目标

1. 简要说出汽车电机与工业电机的性能要求有何不同。
2. 简要说出交流异步电机结构和特点。
3. 简要说出永磁同步电机结构和特点。

情境引入

小林对交流异步电机与永磁同步电机不是很了解,可准备购车的同学总问他有什么区别,他该如何回答。

7.1 电动汽车电机种类及性能要求

电机从电源的幅值和频率是否受变化分为驱动电机和控制电机两种。

7.1.1 驱动电机

驱动电机是电源的特征(幅值和频率)不发生变化的电机,工作机械特性只取决于负载阻力的大小。

例如:电机的端电压 $u = A\sin(\omega t + \varphi)$,在我国有三相电机和单相电机两种,我国工频电为 50Hz,$\omega = 100\pi$,线电压为 380V,相电压为 220V。因此有:

三相电机: $\qquad u = 380\sqrt{3}\sin(100\pi t + \varphi) \qquad$ (7-1)

单相电机: $\qquad u = 220\sqrt{2}\sin(100\pi t + \varphi) \qquad$ (7-2)

由于电压幅值 A 不变,工频的角频率 ω 不变,初始角 φ 不确定,整个电机的机械特性取决于电机的负载大小,这就是驱动电机。

7.1.2 控制电机

控制电机是电源一定的直流电,经变频器控制后输出幅值和频率发生变化的电机,工作机械特性不仅取决于负载阻力的大小,也取决于控制输出。

控制电机的端电压仍为 $u = A\sin(\omega t + \varphi)$，电动汽车为三相电机，电机端电压随以下参数变化而变化。

(1) 电压幅值 A：幅值 A 是变值；

(2) 角频率 ω：ω 也可以从零赫兹调节到几百赫兹；

(3) 初始角 φ：φ 为确定值；

整个电机的机械特性取决于电机控制目标的大小，这就是控制电机。

编者认为，典型汽车上的控制电机应用有 3 种：一种是电动汽车或传统汽车采用的电动转向电机；另一种是电动汽车驱动电机和空调驱动电机。

7.1.3 电动汽车对电机要求

用于电动汽车的驱动电机与常规的工业驱动电机不同。电动汽车的驱动电机通常要求频繁的起动/停车、加速/减速，低速或爬坡时要求高转矩，高速行驶时要求低转矩，并要求变速范围大。而工业电机通常优化在额定的工作点。

因此，电动汽车驱动电机比较独特，应单独归为一类。要求它们在负载要求、技术性能和工作环境等方面有着特殊的要求：

(1) 电动汽车驱动电机需要有 4～5 倍的过载，以满足短时加速或爬坡的要求。而工业电机只要求有 2 倍的过载就可以了。

(2) 电动汽车的电机最高转速要求达到在公路上巡航时基本速度的 4～5 倍，而工业电机只需要达到恒功率是基本速度的 2 倍即可。

(3) 电动汽车驱动电机需要根据车型和驾驶员的驾驶习惯设计，而工业电机只需根据典型的工作模式设计。

(4) 电动汽车驱动电机要求有高功率密度（一般要求达到 1kW/kg 以上）和好的效率图（在较宽的转速范围和转矩范围内都有较高的效率），从而能够降低汽车的整备质量，延长续驶里程。而工业电机通常对功率密度、效率和成本进行综合考虑，在额定工作点附近对效率进行优化。

(5) 电动汽车驱动电机要求工作可控性高、稳态精度高、动态性能好。而工业电机只有某一种特定的性能要求。

(6) 电动汽车驱动电机被装在机动车上，空间小，工作在高温、坏天气及频繁振动等恶劣环境下。而工业电机通常在某一个固定位置工作。

7.2 电动汽车永磁电机结构

电动汽车电动机中，永磁无刷电动机因其效率高（在 95% 以上），大于感应电动机，是高、中、低档电动轿车中优先采用的电机。

7.2.1 永磁无刷电动机的优点

(1) 电动机转子由高磁能永磁材料制成，对于给定的输出功率，它的质量和体积能够大大减小，使得功率密度提高。

(2) 转子为永磁体，铁损小于感应电动机的转子，其效率远高于感应电动机。

(3) 电动机发热主要集中在定子上，易于采取散热措施。

(4) 永磁体没有其他励磁制造缺陷、过热或机械损坏的限制，因而可靠性较高。

汽车永磁电动机按有无换向电刷可分为两类:有刷永磁直流电动机和无刷永磁直流电动机两种。根据输入电动机接线端的交流波形,永磁无刷电动机可分为永磁同步电机(正弦波)和永磁无刷直流电动机(矩形波)。正弦波产生的转矩基本是恒转矩,这与绕线转子同步电动机相同。输入的是交流方波,采用离散转子位置反馈信号控制换向。由于方波磁场与方波电流之间相互作用而产生的转矩比正弦波大,所以,永磁无刷直流电动机的功率密度大,但是由功率器件的换向电流引起的转矩脉动也大。

永磁直流无刷电机是从直流有刷电机改进来的,理解了有刷电机,才能正确理解无刷电机。

7.2.2 直流有刷电机模型

有刷直流电动机的原理如图7-1所示。若在 A、B 之间外加一个直流电源,A 接电源正极,B 接电源负极,则线圈中有电流流过。当线圈处于图7-1a)所示位置时,有效边 ab 在 N 极下,cd 在 S 极上,两边中的电流方向为 $a\to b$,$c\to d$。由安培定律可知,ab 边和 cd 边所受的电磁力为:$F = BLI$。

式中,I 为导线中的电流强度,单位为安(A);B 为磁场的磁通密度;L 为导线长度。根据左手定则可知,两个边受力 F 的方向相反,如图7-1a)所示,形成的电磁转矩驱使线圈逆时针方向旋转。当线圈转过180°时,cd 边处于 N 极下,ab 边处于 S 极上[图7-1b)]。由于换向器的作用,使两条有效边中电流的方向与原来相反,变为 $d\to c$、$b\to a$。这就使得两磁极对应的有效边中电流的方向保持不变,因受力方向和电磁转矩方向都不变,电动机转子得以顺利转动。但 $abcd$ 中线圈的电流方向是变化的,电流是矢量,所以通过 $abcd$ 线圈的是交变电流。

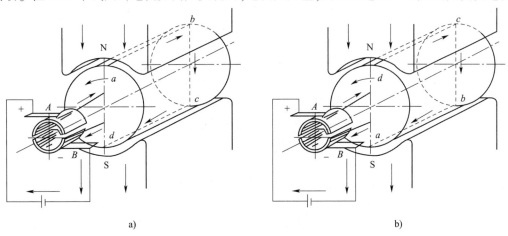

图7-1 直流电动机工作原理图

由于换向器和电刷的存在,换向时由于换向电流容量过大,会烧毁换向器和电刷,严重时出现换向器上出现环火,有刷电动机功率一般10kW以内,换向器引起转矩波动,并限制了电动机的转速,而电刷带来摩擦与射频干扰(RFI)。而且,由于磨损和断裂,换向器和电刷需定期维护。这些缺点使其可靠性低且不适合于免维护工作,从而限制了它们在电动汽车驱动领域的广泛应用。

7.2.3 永磁直流电机

对于电动汽车功率需要从几十千瓦到几百个千瓦,只能采用电力电子换向的永磁直流无刷电动机或永磁直流同步无刷电机(图7-2和图7-3),由于同步无刷电动机转矩输出更平稳,轿车使用同步无刷电动机。

图7-2 永磁电机转子实物

图7-3 永磁电机定子实物

直流电动机之所以称为直流电动机是因为电源是直流电,交流电机之所以称为交流电机是因为电源是交流电,无论是直流电动机还是交流电动机线圈内部电流方向都是变化的。可见有刷电动机工作的条件是,线圈能在换向点处把电流换向,电机就能顺利转动下去。现在把电动机转子采用永磁体,定子线圈采用电子换向,在转子上增加位置传感器,电机变频器根据转子位置,通过控制晶闸管的导通与截止,实现对线圈电子换向,这个传感器通常称为电机解角传感器。

7.2.4 三相直流无刷电机

1)三相原始电机基本结构

如图7-4和图7-5所示,三相直流无刷电机是在最简单的电动机基础上,通过使定子和转子极数同步加倍做成的,这就相当于多缸发动机是在单缸发动机的基础上制造出来的。这里极数 P 相当于活塞个数,每一个转子极数对应3个定子磁极。

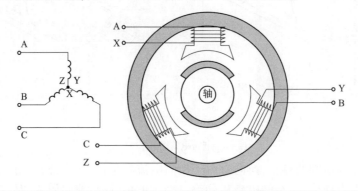

图7-4 最简单的原始三相直流无刷电机(槽数 $Z=3$,极数 $2P=2$),相当于单缸发动机

2)加倍降波动

为了降低电机转子的转矩波动,通常要将定子相数和转子磁极数加倍(图7-5),在两倍(相当于两缸发动机)原始电动机 A 相中,A_1X_1 线圈和 A_2X_2 线圈是串在一起构成 A 相,通电时会同时产生磁通量。

第 7 章 电动汽车电机

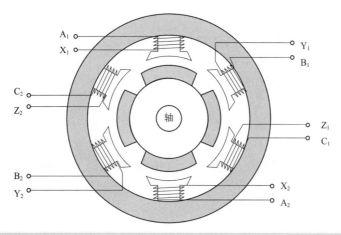

图 7-5　定子极数和转子极数量加倍，相当于 2 缸发动机（槽数 $Z=6$，极数 $2P=4$）

7.3　三相逆变过程

电动机的转矩控制本质是两个要素的控制，第一是什么时间控制晶闸管导通；第二是晶闸管导通持续的时间（通电角度）是多少。

7.3.1　变频器

如图 7-6 所示为电动汽车电动机"逆变"控制原理图，数字信号处理器（DSP）接收旋变变压器信号，信号经 DSP 的 3 个信号（CAP/IOPA3、4、5）捕捉端口进入，经过控制策略的处理后，再输给 DSP 内部的 ePWM 模块（ePWM 模块为 DSP 内部专门为驱动电动机开发输出多段脉冲波的模块）形成 6 路 PWM 脉冲波，脉冲波经光电隔离电路和反相驱动电路后接入晶闸管 V1 至 V6 的控制栅极（G）。

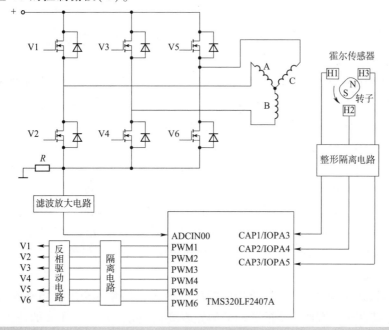

图 7-6　电动汽车电机变频控制原理图

7.3.2 电流导通方式

目前电动汽车无刷直流电动机驱动方式为全桥驱动方式,由 V1～V6 共 6 只功率管构成的全桥可以控制三相绕组 U、V、W(有的书写为 A、B、C 三相绕组)的通电状态。按照功率管的通电方式可分为"两两导通(120°导通)"和"三三导通(180°)"两种控制方式。

1) 两两导通

在两两导通方式下,每一瞬间有两个功率管导通,每隔 1/6 周期即 60°电位角度换相一次。每次换相一个功率管,每只功率管持续导通 120°电位角度。每个绕组正向通电,反向通电各 120°电位角度。对应每相绕组持续导通 120°电位角度,在此期间对于单相绕组电流方向保持不变。假设流入绕组的电流产生正的转矩,流出绕组的电流产生负的转矩。每隔 60°电位角度换相一次意味着每隔 60°电位角度合成转矩方向转过 60°电位角度,大小保持为根号 3 倍的转矩。

"两两导通"要比"三三导通"好理解,为了便于说明以"两两导通"为例,电动机转动以 60°电位角度出现一次换流,如图 7-7 所示为电动机定子的"两两通电"控制方式。

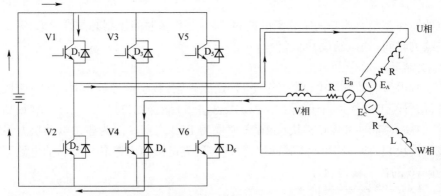

图 7-7 电机定子的"两两通电"控制方式(IGBT 管换流)

"两两导通"工作原理如下。

以电机转子在 0°为始点,先让 V1 导通 120°电位角度,在这期间 V4 先导通 60°电位角度,电流先经 V1→U 相→V 相→V4 流至蓄电池负极。控制 V4 截止,再控制 V6 导通 60°电位角度,电流先经 V1→U 相→W 相→V6 流至蓄电池负极。电动机转动 120°,距始点为 120°。

以电机转子在 120°为始点,让 V3 导通 120°电位角度,在这期间 V2 先导通 60°电位角度,电流先经 V3→V 相→U 相→V2 流至蓄电池负极。控制 V2 截止,再控制 V6 导通 60°电位角度,电流先经 V3→V 相→W 相→V6 流至蓄电池负极。电动机又转动 120°,距始点为 240°。

以电机转子在 240°为始点,让 V5 导通 120°电角度,在这期间 V2 先导通 60°电位角度,电流先经 V5→W 相→U 相→V2 流至蓄电池负极。控制 V2 截止,再控制 V4 导通 60°电位角度,电流先经 V5→W 相→V 相→V4 流至蓄电池负极,电动机再转动 120°,距始点为 360°,完成一个圆周运动。

只要根据磁极的不同位置,以恰当的顺序去导通和阻断各相出线端所连接的可控硅晶体管,始终保持转子线圈所产生的磁动势领先磁极磁动势一定电位角度的位置关系,便可使该电动机产生一定方向的电磁转矩而稳定运行。

另外，通过借助逻辑电路来改变功率晶体管的导通顺序，即可实现电动机正反转。

电机的"两两导通"方式和发动机的进、排气门开启有些类似，有些类似于发动机的两气门"一进一排"方式。

2) 三三导通

每一瞬间有三只功率晶体管通电，每 60°电位角度换相一次（图 7-8），每只功率晶体管通电 180°电位角度。对于三三通电方式，每一瞬间有三只功率晶体管导通，每隔 60°电位角度换相一次，每一功率晶体管通电 180°电位角度。每隔 60°电位角度换相一次意味着每隔 60°电位角度合成转矩方向转过 60°电位角度，合成转矩大小为 1.5 倍的单相转矩。

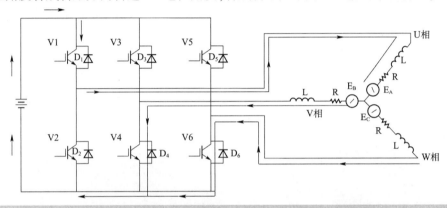

图 7-8　电动机定子的"三三通电"控制方式（IGBT 管换流）

7.3.3　定时和定量控制

电动机的定子绕组为三相星形连接，位置传感器与电动机转子同轴，控制电路对位置信号进行逻辑变换后产生驱动信号，驱动信号经驱动电路放大后控制变频器的功率晶闸管，使电动机的各相绕组按一定的顺序工作。

1) 三相电流定时控制

三相原始电动机转子相当于指南针，N 极 F_d 总是指向合成磁场方向，F_a 的大小以及 F_a 和 F_d 的夹角是控制系统要控制的内容，这就相于发动机喷油量和喷油提前角控制。用图 7-9 说明无刷直流电动机定时控制的作用。

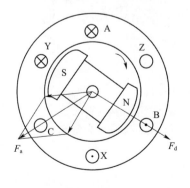
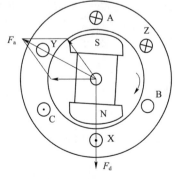

a) AX 和 BY 同时通电　　　　b) AX 和 CZ 同时通电

图 7-9　电动机三相电流定时控制作用

2）三相电流定量控制

在三相定子线圈的两两导通或三三导通方式中,控制集成栅极的双极型晶体管(Insulated Gate Bipolar Transistor,IGBT)有较大的导通时间,则定子线圈的电流就大,产生的转矩就大。反之,控制 IGBT 有较小的导通时间则定子线圈的电流就小,产生的转矩就小。

7.4 电机位置传感器

7.4.1 电机位置传感器的功能

功率晶体管的换相信号需要从电机转子位置传感器的状态得出,换相时刻也就是相序信号状态改变的时刻。因此电机转子位置和三相绕组相对关系对于电机的正确方向运行非常重要。

7.4.2 电机位置传感器的类型

通常位置和速度类传感器的种类一般有霍尔式、电磁式、光电式、磁敏式、旋转变压器 5 种。但从抗温度影响、抗污染、抗振动方面,目前旋转变压器式(图 7-10)和霍尔式(图 7-11)有着广泛的应用,特别是旋转变压器式的应用更广泛。

a)旋转变压器式电机转子位置传感器

b)电机转子及信号轮

图 7-10　旋转变压器式传感器

a)电机定子及内部的霍尔传感器

b)电机转子上的多极磁环

图 7-11　霍尔式传感器

电机位置传感器也是电机转子转速传感器,由于表达过余冗长,一般称为电机解角传感器。

7.4.3 磁极定位过程

在电机定子端壳上安装转子位置传感器时相对壳体指定安装位置会有偏差。另外电机转子上的信号轮相对转子安装也可能有偏差。

电机静止时的转子停留的位置决定了逆变器第一次应触发哪两个功率晶体管,而在没有位置传感器时判断转子初始位置很复杂。可以先让逆变器任意两相导通,并控制电机电流,通电瞬间后,转子就会转到与该导通状态相对应的一个预知位置,完成转子的定位。

7.4.4 按相序驱动

转子定位后,根据驾驶员换挡杆的位置就可知道接下来应触发的逆变器功率晶体管。

当变频器控制 ECU 收到确定的电机转子位置后,根据驾驶员的换挡申请 P、R、N、D 位置分别确定封闭驱动信号、驱动信号按反转相序提供、封闭驱动信号、驱动信号按正转相序提供。

7.5 电动汽车感应电动机

汽车变频感应电动机因其效率低(一般工频效率在 75% ~ 80%),体积大,质量大的缺点一般只应用在电动货车或客车上,这句话不能倒过来理解。其实感应电动机的优点也是有的,比如低的成本价格和高的可靠性,通过合理的变频控制效率。

7.5.1 交流感应电动机种类

交流感应电动机有两种类型,绕线转子式电动机和鼠笼式电动机。

由于绕线式感应电动机成本高、需要维护、缺乏坚固性,因而没有鼠笼式感应电动机应用广泛,或者说是在电动汽车的电力驱动中根本无法应用。

鼠笼式感应电动机简称为感应电动机。感应电动机驱动除了具有无换向器电动机驱动的共同优点外,还具有成本低、坚固等优点。这些优点超过了其控制复杂的缺点,推动了感应电动机在电动汽车驱动中的广泛应用。

7.5.2 感应电动机的结构

用于电动汽车的感应电动机在原理上与工业中用的变频感应电动机结构基本相同。然而,这种电动机结构需要专门设计,不能直接使用工业电动机应用于电动汽车。

交流感应电动机的结构分为定子结构、转子结构、接线端子结构三部分,有的还加入风扇。

1) 定子结构

如图 7-12 所示,定子铁心采用更薄的硅钢片叠成,电机定子线圈的绝缘等级要高,电机的电压等级需合理地采用高电压和低电流的电动机设计,以减少功率逆变器的成本和体积。铸铝或铸铁机壳内部采用水套,制成水冷电机。采用铸铝机座来减小电动机总质量,定子壳体密封要好,防止进水。

感应电动机定子接线端子:感应电动机的定子接线端子有"Y"星型和"△"三角型两种,接线盒内无传统工业电机的壳体接地保护。电机壳体与车身间为等电位,即两者的金属导通,电机定子线圈和车身间采用绝缘检测。一旦出现三相定子和壳体间漏电时,仪表绝缘报警,同时蓄电池上电继电器断开。电动汽车感应电动机作为电动汽车电机时,接线端子仅有 U、V、W 3 个,不会有保护地线。

2)转子结构

(1)转子铁心也由薄硅钢片(图7-13)叠加而成,以减少铁损;

图7-12 电机定子结构

图7-13 感应电机转子结构

(2)由于电机转速较工业电机高,所以要求转子的动平衡度要高,同时轴承质量要好。

电动汽车电机在爬坡时要求低转速高转矩,巡航时要求高转速低转矩,车辆超车时,要求具有瞬时超负载能力。

 习题

1. 简要写出汽车电机与工业电机的性能要求有何不同。
2. 简要写出交流异步电机结构和特点。
3. 简要写出永磁同步电机结构和特点。

第 8 章 电力电子变换

学习目标

1. 能说出电力二极管和电子二极管的区别。
2. 能说出电力三极管和电子三极管的区别。
3. 能说出电力场效应管和电子场效应管的区别。
4. 能说出 IGBT 的原理和进行 IGBT 损坏的测量。
5. 能说出 IPM 的原理和进行 IPM 模块损坏的测量。
6. 能通过测量来确定一个电力 IGBT 的好坏。
7. 能说出变频器中的五个主要元件作用。
8. 能说出电动机和变频器的冷却方法。

情境引入

电工维修师傅告诉小林,要想真正学习电动汽车绝不是更换几件电动汽车部件,学懂电动汽车要会维修电动汽车的变频器、车载充电机、DC/DC 变换器、直流充电桩等电力电子部件,而要维修这些部件需要有诊断技术和修理技术,它们的基础是汽车电力电子器件的工作原理、检测及更换的方法。

8.1 汽车电力电子器件认知

电力电子变换是一门复杂的学科,应能定性掌握电力电子变换中换流开关的结构、符号和应用。

8.1.1 汽车电力电子器件

电力电子器件是汽车电力电子系统或部件中最基本和最重要的组成部分,是车载电能控制和转换的核心。常用的电力电子器件有 6 种,汽车上除电力晶闸管和电力晶体管外,其余 4 种都大量采用,包括:

(1) 功率二极管 (Power Diode);

(2)电力晶闸管(Silicon Controlled Rectifier,可控硅 SCR);

(3)电力晶体管(Giant Transistor,GTR 巨形晶体管);

(4)电力场效应晶体管(Power-MOSFET);

(5)绝缘栅极双极型晶体管(Insulated Gate Bipolar Transistor,IGBT);

(6)智能功率模块(Intelligent Power Modules,IPM)。

其中电力晶体管(GTR 巨形晶体管)被 IGBT 取代,所以也可以称为 4 种。

其中应用最广泛的是功率二极管,车上几乎所有电能变换和控制的地方,都能看到它的存在;晶闸管多应用于以电压调节或可控整流为目的的系统或部件;功率 MOSFET 多应用于低电压(如 12~200V)和小功率(如小于 10kW)场合;而高电压(如大于 200V)和大功率(如数十千瓦至数百千瓦)系统或部件,则普遍采用 IGBT 作为主电路器件。近年来,在新能源汽车高电压、中小功率场合,碳化硅功率 MOSFET 有取代硅 IGBT 的趋势。

8.1.2 电力二极管

1)电力二极管的作用

电力二极管(Power Diode)在 20 世纪 50 年代初期就获得应用,当时也被称为半导体整流器,它的基本结构和工作原理与信息电子电路中的二极管是一样的,都以半导体 PN 结为基础,实现正向导通、反向截止的功能。

电力二极管是不可控器件,其导通和关断完全是由其在主电路中承受的电压和电流决定的。它由一个面积较大的 PN 结和两端引线以及封装组成。从外形上看,其主要有螺栓型和平板型两种封装。电力二极管外形及符号如图8-1所示。

功率二极管的伏安特性曲线与普通小功率二极管基本一致,如图8-2所示。在外加正向电压情况下,二极管在 0.5V 左右开始导通,有微弱的正向电流 I_F 流过。随着正向电流 I_F 的增大,功率二极管的正向压降也逐渐增大。由于功率二极管通常工作于大电流状态,在电流值达到额定电流时,工作点在伏安特性曲线的上端 A 点,其压降一般在 1~2V。而普通小功率二极管通常工作于小电流状态,其工作点在伏安特性曲线的 B 点附近,压降一般为 0.7V。

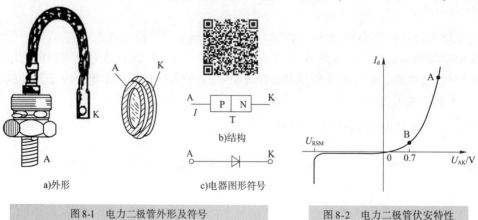

图8-1 电力二极管外形及符号　　图8-2 电力二极管伏安特性

在外加反向电压时,二极管不导通,只有一个很小的反向饱和电流 I_s 流过。但当外加的反向电压超过二极管所能承受的最高反向电压 U_{RSM} 后,二极管被击穿,反向电流 I_r 迅速增加,此时若无限流保护,二极管将被烧毁。功率二极管所能承受的反向电压通常均比较高,为几百伏至几千伏,远高于普通二极管所能成受的反向电压。

2)电力二极管类型

其主要类型有普通二极管、快恢复二极管和肖特基二极管。

(1)普通二极管。

普通二极管(General Purpose Diode)又称整流二极管(Rectifier Diode),多用于开关频率不高(1kHz 以下)的整流电路中。

(2)快速恢复二极管。

恢复过程很短特别是反向恢复过程很短(5μs 以下)的二极管,也简称快速二极管。工艺上多采用了掺金措施,结构上有的采用 PN 结构类型,也有的采用对此加以改进的 PN 结构。

(3)肖特基二极管。

以金属和半导体接触形成的势垒为基础的二极管,称为肖特基势垒二极管(Schottky Barrier Diode,SBD),简称为肖特基二极管。肖特基二极管的优点在于:反向恢复时间很短(10~40ns),正向恢复过程中也不会有明显的电压过冲;在反向耐压较低的情况下其正向压降也很小,明显低于快恢复二极管。因此,其开关损耗和正向导通损耗都比快速二极管还要小,效率高。肖特基二极管的弱点在于:当反向耐压提高时其正向压降也会高得不能满足要求,因此多用于 200V 以下的低压场合,反向漏电流较大且对温度敏感,因此反向稳态损耗不能忽略,而且必须更严格地限制其工作温度。

8.1.3 电力晶体管

1)电力晶体管

它是一种电流控制电流的大功率、高反压电力电子器件,具有自关断能力,产生于 20 世纪 70 年代,其额定值已达 1800V/800A/2kHz、1400V/600A/5kHz、600V/3A/100kHz。它既具备晶体管饱和压降低、开关时间短和安全工作区宽等固有特性,又增大了功率容量,因此,由它组成的电路灵活、成熟、开关损耗小、开关时间短,在电源、电动机控制、通用逆变器等中等容量、中等频率的电路中应用广泛。其缺点是驱动电流较大、耐浪涌电流能力差、易受二次击穿而损坏。电力晶体管正逐步被功率 MOSFET 和 IGBT 所代替。

2)电力晶体管结构

电力晶体管的英文为 Giant Transistor—GTR,TR 是 Transistor 的首和尾字母,它是一种双极结型晶体管,具有高反压,具有自关断能力,并有开关时间短、饱和压降低和安全工作区宽等优点。它被广泛用于交直流电动机调速、中频电源等电力变流装置中。

大功率电力晶体管结构、外形和等效电路如图 8-3 所示。

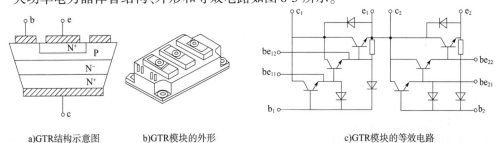

a)GTR结构示意图　　b)GTR模块的外形　　c)GTR模块的等效电路

图 8-3　电力晶体管结构、外形和等效电路

3) 电力晶体管原理

电力晶体管(图8-4)有 C(Collector,集电极)、B(Base,基极)、E(Emitter,发射极)三个电极,在电力晶体管中基极(B)和发射极(E)之间加超过开启电压后形成一个小电流,则在集电极(C)和发射极(E)间有大电流流过,由于输入的是小电流,输出是大电流,因此是用电流来放大电流的器件,电流的放大倍数用 β 表示。

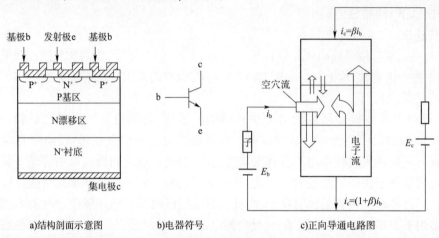

a)结构剖面示意图　　　b)电器符号　　　c)正向导通电路图

图8-4　电力晶体管内部结构、电气符号和基本原理

注:电力晶体管和"电工电子学"中的三极管的工作原理相同。优点是输出耐高压、大电流,但输入驱动电路复杂,输入电流较大。

4) 电力晶体管模块化

电力晶体管模块化符号如图8-5所示,其中图8-5c)四单元模块可实现单相全桥逆变,图8-5d)六单元模块可实现三相全桥逆变。

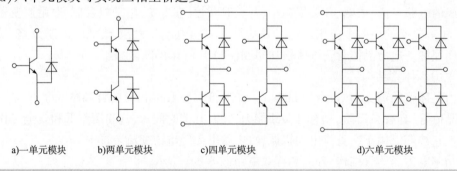

a)一单元模块　　　b)两单元模块　　　c)四单元模块　　　d)六单元模块

图8-5　电力晶体管模块化符号

如图8-6所示为两单元电力晶体管(GTR)模块实物,可见其外部端子较多。

图8-7为两单元电力晶体管(GTR)模块的内部实际电路,三级放大结构在外部看来相当于一个大功率管,所以其本质是图8-5的两单元模块。

8.1.4　电力场效应晶体管

1) 电力场效应管简介

电力场效应管又名电力场效应晶体管,分为结型和绝缘栅型,通常主要指绝缘栅型中的MOS型(Metal Oxide Semiconductor FET),简称电力 MOSFET(Power MOSFET),结型电力场效应晶体管一般称作静电感应晶体管(Static Induction Transistor, SIT)。

图8-6 两单元电力晶体管(GTR)模块的实物

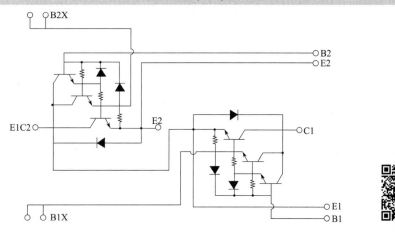

图8-7 两单元电力晶体管(GTR)模块的内部实际电路

按导电沟道可分为 P 沟道和 N 沟道,每种还分为增强型和耗尽型。耗尽型是当栅极电压为零时漏源极之间就存在导电沟道。增强型是对于 N(P)沟道器件,栅极电压大于(小于)0 时才存在导电沟道。电力 MOSFET 主要是 N 沟道增强型。

2)电力场效应管结构

电力场效应管内部结构、电器符号如图8-8 所示,电力场效应晶体管有三个端子:D(Drainage 漏极)、G(Gate 栅极)、S(Source 源极)三个极,原理与"电工电子学"中的场效应管相同。

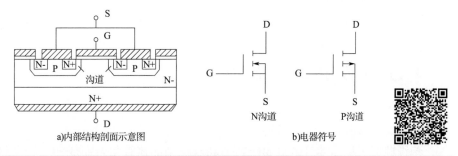

图8-8 电力场效应管内部结构、电器符号

3）电力场效应管原理

以 N 沟道的电力场效应管为例,在电力场效应管的漏极(D)接工作电路电源正极,源极(S)接工作电路电源负极时,工作情况如下：

(1) 栅极(G)和源极(S)之间无驱动电压或低于开启电压。

若电力场效应管栅极(G)和源极(S)之间电压为 0,沟道不导电,电力场效应管的漏极(D)和源极(S)处于截止(不导通)状态。

(2) 栅极(G)和源极(S)之间电压大于或等于管子的开启电压。

电力场效应管栅极(G)和源极(S)之间电压大于或等于管子的开启电压,沟道导电,电力场效应管的漏极(D)和源极(S)处于导通状态,且开启电压越大,导电能力越强,漏极电流越大。一旦导电沟形成,即使电力场效应管栅极(G)和源极(S)之间电压降低至管子的开启电压以下或为 0 电压(取消驱动电压),导电沟仍不会消失,电力场效应管的漏极(D)和源极(S)仍处于导通状态。放大能力用输出电流比输入电压,量纲为电阻的倒数(称为跨导),单位是 S(西门子),是电压放大电流的器件。

(3) 栅极(G)和源极(S)之间加负电压时。

电力场效应管栅极(G)和源极(S)之间加负电压时,导电沟道消失,管子的漏极(D)和源极(S)处于截止状态,且开启负电压越大,导电沟道消失得越快。

4）电力场效应管保护措施

电力场效应管的绝缘层易被击穿是它的致命弱点,栅源电压一般不得超过 ±20V,因此,在应用时必须采用相应的保护措施,通常有以下几种：

(1) 防静电击穿。

电力场效应管最大的优点是有极高的输入阻抗,因此在静电较强的场合易被静电击穿,为此,注意在储存时,应放在具有屏蔽性能的容器中,取用时工作人员要通过腕带良好接地；在器件接入电路时,工作台和烙铁必须良好接地,且烙铁断电焊接；测试器件时,仪器和工作台都必须良好接地。

(2) 防偶然性振荡损坏。

当输入电路某些参数不合适时,可能引起振荡而造成器件损坏,为此,可在栅极输入电路中串入电阻。

(3) 防栅极过电压。

可在栅源之间并联电阻或约 20V 的稳压二极管。

(4) 防漏极过电流。

由于过载或短路都会引起过大的电流冲击,超过极限值,此时必须采用快速保护电路使用器件迅速断开主回路。

8.2 绝缘栅极双极型晶体管

8.2.1 绝缘栅极双极型晶体管

1）绝缘栅极双极型晶体管简介

绝缘栅双极型晶体管是由 MOSFET 和双极型晶体管复合而成的一种器件,其输入极为 MOSFET,输出极为 PNP 晶体管。它融合了这两种器件的优点：既具有 MOSFET 器件驱动功率小和开关速度快的优点,又具有双极型器件饱和压降低而容量大的优点。其频率特性介于 MOSFET 与功率晶体管之间,可正常工作于几十千赫兹频率范围内,在现代电力电子技术中得到了越来越广泛的应用,在较高频率的大、中功率应用中占据了主导地位。

2) 绝缘栅极双极型晶体管结构

绝缘栅极双极型晶体管(IGBT)的工作原理是电力晶体管(GTR)和电力场效应管(P-MOSFET)结构的复合,IGBT 结构上如图 8-9 所示。电力晶体管(GTR)由 N+、P、N-、N+ 四层半导体组成,无 SiO_2 绝缘层;电力场效应管(P-MOSFET)由 N+、P、N-、N+ 四层半导体组成,但有 SiO_2 绝缘层;绝缘栅极双极型晶体管(IGBT)由 N+、P、N-、N+、P+ 五层半导体组成,有 SiO_2 绝缘层。

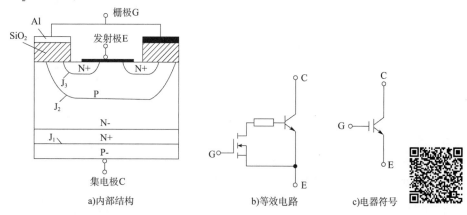

a) 内部结构　　b) 等效电路　　c) 电器符号

图 8-9　绝缘栅极双极型晶体管(IGBT)内部结构、等效电路和电器符号

3) 绝缘栅极双极型晶体管原理

绝缘栅极双极型晶体管(IGBT)是通过栅极驱动电压来控制的开关晶体管,工作原理同电力场效应管(P-MOSFET)和电力晶体管(GTR)相似。因此具有输入栅极(G)和发射极(E)之间驱动功率很小、开关速度快、输出集电极(C)和发射极(E)之间饱和压降低、工作电流大的优点。

IGBT 有 C(Collector 集电极)、G(Gate 栅极)、E(Emitter 发射极)三个极,工作原理是在 IGBT 的 GE 间施加一个电压,则在 CE 间有大电流流过,是电压放大电流的器件,其工作情况如下:

(1) 栅极(G)和发射极(E)之间无驱动电压或低于开启电压。

若电力场效应管栅极(G)和电力晶体管发射极(E)之间电压为 0,电力晶体管的集电极(C)和发射极(E)处于截止(不导通)状态。

(2) 电力场效应管栅极(G)和发射极(E)之间电压大于或等于管子的开启电压。

电力场效应管栅极(G)和发射极(E)之间电压大于或等于管子的开启电压,沟道导电,电力场效应管的集电极(C)和发射极(E)处于导通状态,且开启电压越大,导电能力越强,漏极电流越大。一旦导电沟形成,即使电力场效应管栅极(G)和发射极(E)之间电压降低至管子的开启电压以下或为 0 电压(取消驱动电压),导电沟仍不会消失,电力场效应管的集电极(C)和发射极(E)仍处于导通状态。

【注意】不同场效应管的开启电压是不同的,低的为 3~5V,高的为 5~10V,具体开启电压需要查询相应型号场效应管手册。

(3) 栅极 (G) 和发射极 (E) 之间加负电压时。

电力场效应管栅极 (G) 和发射极 (E) 之间加负电压时,导电沟道消失,管子的集电极 (C) 和发射极 (E) 处于截止状态,且开启负电压越大,导电沟道消失得越快。

4) IGBT 模块

IGBT 模块常用封装后的符号(图 8-10)有一单元、两单元、六单元 IPM,符号图中只给出了 IGBT 模块中 IGBT 的组合个数。

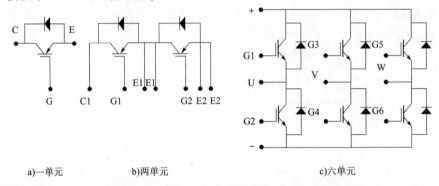

a) 一单元　　b) 两单元　　c) 六单元

图 8-10　IGBT 模块常用封装符号

两单元 IGBT 功率模块实物如图 8-11 所示。

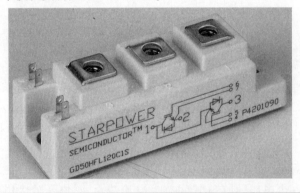

图 8-11　两单元绝缘栅极双极型晶体管 (IGBT) 实物

5) 驱动电压对 IGBT 的影响

作用在 IGBT 栅极和发射极之间的电压会有如下表现:

(1) 在 0~4V 和未加电源时,状态一样,由于外部噪声可能导致误动作,电源电压欠压保护 (UV) 不动作,也没有 FO 输出;在 4~12.5V 时,即使有控制输入信号,开关动作也会停止,电源电压欠压保护 (UV) 动作,对外部微控制电路输出 FO;在 12.5~13.5V 时,开关可以动作,但在推荐范围外。违反了 IPM 的规格书中的规定值,集电极功耗增加,结温上升。

(2) 在 13.5~16.5V 时,控制电压在正常范围内(通常取 +15V 做 IGBT 的正常导通驱动,取 -10V 做关断驱动)。

(3) 在 16.5~20V 时,开关可以动作,但在推荐范围外。违反了 IPM 的规格书中的规定值,短路时的电流峰值大,可能超过硅片的耐量而损坏。20V 以上 IPM 内部的控制电路和

IGBT栅极部分损坏。

8.2.2 IGBT的栅极驱动和隔离

1) IGBT驱动电路功能

IGBT的驱动电路必须具备以下两个功能：

(1) 栅极驱动功能。

提供合适的栅极驱动脉冲电压值，使集电极和发射极充分导通和截止，因此要有开关变压器降压。

(2) 电隔离功能。

电隔离功能是指实现控制电路(低压部分)与IGBT栅极(集电极和栅极击穿，栅极可能成为高压部分)的电隔离。实现电隔离可采用脉冲变压器、光电耦合器，汽车上应用最多的是光电耦合器隔离。

2) 典型驱动电压

典型的IGBT栅极驱动电压为15V±10%的正栅极电压，该电压足以使IGBT完全饱和。在任何情况下+VGE不应超出12~20V的范围。为了保证不会因为di/dt噪声产生误开通，故-VGE采用反偏压(-5V至-15V)作为关断电压。

3) IGBT驱动方式

(1) 小功率的IGBT驱动。

在小功率的IGBT驱动时，220V AC采用自举IGBT驱动、高频脉冲变压器、直流电压驱动。400V AC采用简单光耦的新型自举IGBT驱动器。

【例8-1】 自举产生驱动电压

正常在变频器驱动电路、伺服驱动器电路或步进电动机驱动电路中，上桥电路的驱动一般都会设计独立的电源。典型的变频器驱动电路会设计四路电源，分别给上桥和下桥驱动使用。其中上桥三路电源是独立的，下桥因为IGBT共地的原因可以共用一组电源，此组电源相对另外三组，提供的功率要大一些。通常提供四组电源的方法是：由开关变压器四组输出经二极管整流、电容滤波，得到15V左右的电压，此电压加至光耦的输出端电源脚。

在实际的小功率驱动电路中，为了简化设计，通常采用自举电路产生驱动IGBT的15V和-10V电压，不用开关变压器输出经二极管整流、电容滤波产生驱动电压。

(2) 中等功率的IGBT驱动。

在中等功率的IGBT驱动时，400V AC采用自举供电的光耦，690V AC采用隔离的脉冲变压器。

【例8-2】 光耦隔离直接驱动方式

如图8-12所示为M57957L光耦驱动芯片的内部结构。

如图8-13所示，来自脉冲形成单元的驱动信号为高电平时光耦导通，接口电路把该信号整形后由功放级的两级达林顿NPN晶体管放大后输出，驱动功率IGBT模块导通。在驱动信号为低电平时光耦截止，此时接口电路输出亦为低电平，功放输出级PNP晶体管导通，给被驱动的功率IGBT栅射极间施加以反向电压，使被驱动功率IGBT模块恢复关断状态。驱动脉冲输入负端VIN-，使用中通过一反相器接用户脉冲形成电路的输出；驱动脉冲输入正端VIN+，使用中通过一电阻接用户脉冲形成部分电源；驱动脉冲输出地端GND，接驱动脉冲输出级电源地端，该端电位应与用户脉冲形成部分完全隔离；驱动功放级正电源端VCC，接用户提供的驱动脉冲功放级正电源端；驱动脉冲输出端V_{out}，直接接被驱动IGBT栅极；驱动功放级负电源端VEE，接用户提供的驱动脉冲功放级负电源端。

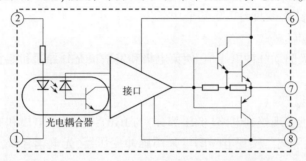

图8-12　M57957L光电隔离驱动芯片的内部结构

1-驱动脉冲输入负端VIN−；2-驱动脉冲输入正端VIN+；5-驱动脉冲输出地端GND；6-驱动功放级正电源端VCC；7-驱动脉冲输出端V_{out}；8-驱动功放级负电源端VEE

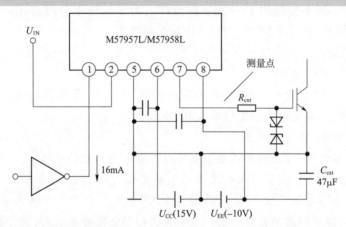

图8-13　M57957L驱动芯片外部电路及要被驱动的IGBT

1-驱动脉冲输入负端VIN−；2-驱动脉冲输入正端VIN+；5-驱动脉冲输出地端GND；6-驱动功放级正电源端VCC；7-驱动脉冲输出端V_{out}；8-驱动功放级负电源端VEE

(3) 大功率IGBT驱动。

大功率IGBT驱动宜采用隔离变压器驱动。

【例8-3】　集成驱动模块驱动+保护例

Infineon公司、Concept公司和Semikron(西门康)公司是出界著名的半导体生产商，配套生产IGBT驱动器。

Concept公司是世界著名的IGBT驱动器专业生产商，下面以2SP0115T驱动器(图8-14)为例介绍。

2SP0115T两单元IGBT驱动器(图8-15)包含上、下桥驱动芯片(两个芯片与左侧的低压电路采用变压器隔离)，输入/输出的电气连接器X1，为了使开关损耗最小化的门极电阻Rg，门极钳位(Advanced Active Clamping)关断时提供过压保护，Vce监控(Vce Monitoring)可实现短路监控，内置的负温度系数热敏电阻NTC可直接测量IGBT的温度并采用连接器X2

输出。本驱动器在半桥模式下，设置关断跳闸电位，响应时间和两个通道之间死区时间的元件。它的即插即用能力意味着安装后，它就立即可以工作。在设计和调节驱动器到特定应用方面，用户不需要投入任何的精力。

图 8-14　印刷电路板为 2SP0115T 驱动器（下部为两单元 IGBT 模块）

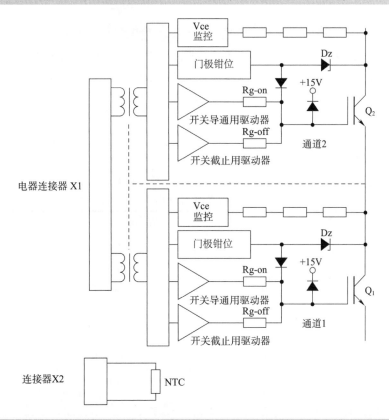

图 8-15　2SP0115T 两单元 IGBT 驱动器内部结构

Q_1、Q_2-功率开关 IGBT；Dz-保护用稳压管；Rg-on-开关导通控制时的栅极驱动电阻；Rg-off-开关截止控制时的栅极驱动电阻；NTC-负温度系数温度传感器；X1、X2-端子代号

连接器 X1（图 8-16）的管脚定义见表 8-1，功率逆变器中使用 2SP0115T 的简单方式为：

将驱动器插头 X1 连接到控制器件上,并给驱动器提供+15V 的电压。用输入端 MOD(接口 X1 的管脚 17),可以设置工作模式。检查门极电压:断开状态,正常的门极电压在相关参数表中指定导通状态为+15V;并检查在要求的开关频率下,没有时钟信号的驱动器的输入电流消耗。除非不能连接到门极端,否则在安装前,就应该进行这些测试。

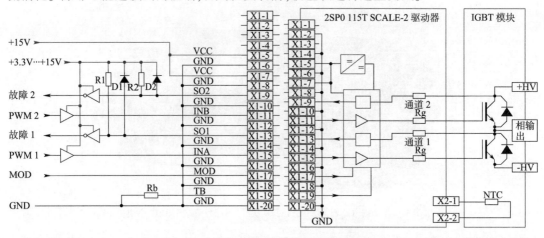

图 8-16　推荐接口连接器 X1 的电路和 IGBT 模块的方框图

启动系统前,建议在功率循环条件下,对每个 IGBT 模块进行单独的检查。通常必须使用到单或双脉冲技术。Concept 特别推荐用户,在最坏条件下,检查 SOA 内部和 IGBT 模块的开关,因为这非常依赖于特定的逆变器结构。即使只测试单个的 IGBT,也必须给系统的所有门极驱动器供电。通过施加负的门极电压,使其他所有的 IGBT 保持在断开状态。在测试状态下这是非常重要的。在实际负载情况下启动,必须在指定的温度范围和负载条件下再次确认系统是否合格。

【注意】对于高压的所有手动操作可能会危及生命,必须遵守相关的安全规程!

连接器 X1 的管脚定义　　　　表 8-1

管脚	定义	功能	管脚	定义	功能
1	N.C.	未连接	11	INB	信号输入 B
2	GND	接地	12	GND	接地
3	N.C.	未连接	13	SO1	状态输出通道 1
4	GND	接地	14	GND	接地
5	VCC	+15V 电源	15	INA	信号输入 A
6	GND	接地	16	GND	接地
7	VCC	+15V 电源	17	MOD	模式选择(直接/半桥)
8	GND	接地	18	GND	接地
9	SO2	状态输出通道 2	19	TB	闭锁时间
10	GND	接地	20	GND	接地

接口 X1 驱动器具有 2 个电源端(但是只需要 1 个 15V 电源)、2 个驱动信号输入、2 个状态输出(故障返回)、1 个模式选择(半桥模式/直接模式)、1 个输入来设置闭锁时间。驱

动器配备了 1 个 20 针的接口连接器。所有偶数号的管脚用作 GND 连接,奇数号的管脚用作输入或状态输出。建议使用 1 个 20 芯的绞合扁平电缆。每个输入、输出信号和它自己的 GND 线绞合在一起。所有的 GND 管脚在 2SP0115T 驱动器上连接在一起,也应该和控制板连接到一起。这种安排产生的电感非常低,具有高抗干扰性。所有的输入是静电保护的。而且,所有的数字量输入具有施密特触发特性。驱动器的接口连接器上具有 2 个 VCC 端,用于给一次侧电子器件和二次侧 DC/DC 逆变器供电。驱动器可以发出的总功率为 2*1W,从 +15V 电源流出的最大输入电流约为 0.2A。驱动器限制启动时的浪涌电流。MOD(模式选择)输入,可以选择工作模式。如果 MOD 输入没有连接(悬空),或连接到 VCC,则选择直接模式。该模式下,两个通道之间没有相互依赖关系。输入 INA 直接影响通道 1,输入 INB 直接影响通道 2。在输入(INA 或 INB)的高电位时,总是导致相应 IGBT 的导通。只有在控制电路产生死区时间的情况下,才能选择该模式,每个 IGBT 接收各自的驱动信号(注意:半桥上的 2 个开关同步或重叠时,会短路 DC link)。如果 MOD 输入是低电位(连接到 GND)时,就选择了半桥模式。该模式下,输入 INA 和 INB 具有以下功能:当 INB 作为使能输入时,INA 是驱动信号输入;当输入 INB 是低电位时,两个通道都闭锁;如果 INB 电位变高,两个通道都使能,而且跟随输入 INA 的信号;在 INA 由低变高时,通道 2 立即关断,1 个死区时间后,通道 1 导通。死区时间由 2SP0115T 上的电阻设定。

INA 和 INB 是基本的驱动输入,但是它们的功能依赖于 MOD 输入,它们能安全地识别整个逻辑电位 3.3~15V 范围内的信号,它们具有内置的 4.7kΩ 下拉电阻及施密特触发特性。INA 或 INB 的输入信号任意处于临界值时,可以触发 1 个输入跃变。

SO1、SO2(状态输出 SOX)输出是集电极开路型接法。没有检测到故障条件时,输出是高阻。开路时,内部 500μA 电流源提升 SOX 输出到大约 4V 的电压。在通道"X"检测到故障条件时,相应的状态输出 SOX 变低电位(连接到 GND)。二极管 D1 和 D2(图 8-16)必须是肖特基二极管,而且只能在使用 3.3V 逻辑电位的时候使用。对于 5~15V 逻辑电位,他们可以被忽略。2 个 SOX 输出可以连接到一起,提供 1 个公共故障信号(例如对其中 1 相)。但是,建议单独评估状态信号,以达到快速准确的故障诊断。故障条件下,最大的 SOX 电流不应超过驱动器参数表中的设定值。

状态信号的处理方法为:二次侧的故障(IGBT 模块短路或电源欠压检测)立即传输到相应的 SOX 输出。在闭锁时间 TB 过去后,SOX 输出自动复位(返回到高阻状态),一次侧电源欠压同时指示到 2 个 SOX 输出。当一次侧电源欠压消失时,2 个 SOX 输出自动复位(返回到高阻状态)。

TB 是调整闭锁时间的输入端子,TB 端子允许通过连接 1 个外部电阻到 GND,来减少工厂设定的闭锁时间。通过计算管脚 TB 和 GND 之间必须连接的电阻 Rb 的值,以设定要求的闭锁时间 Tb(典型值):

$$Rb = (7650 + 150 * Tb)/(99 - Tb) - 6.8$$

式中,Rb 单位为 kΩ,20ms < Tb < 90ms,通过选择 Rb = 0Ω,闭锁时间也可以设置为最小值 9μs(典型值)。如果不使用,输入 TB 可以悬空。

NTC 端在连接器 X2(图 8-17)上,有 1 个非隔离的 IGBT 模块 NTC 输出。它直接连接到 IGBT 模块的 NTC 热敏电阻上。电源和电气隔离驱动器配备 1 个 DC/DC 逆变器,给门极驱动电路提供 1 个电气绝缘的电源。信号通过变压器实现隔离。所有的变压器(DC/DC 和信号变压器)满足 EN50178 安全绝缘要求,一次侧和任一个二次侧的保护等级为Ⅱ级。

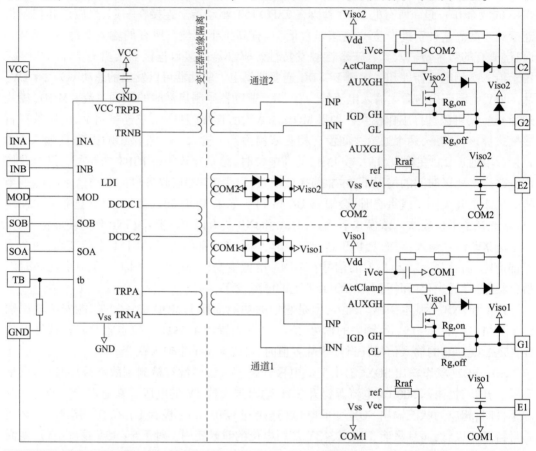

图 8-17 2SP0115T SCALE-2 驱动器的框图

【注意】驱动器需要 1 个稳定的电源。

驱动器的一次侧、2 个二次侧驱动通道,配备有本地欠压监控电路。如果出现一次侧电源欠压故障,2 个 IGBT 被 1 个负的门极电压驱动,从而保持在断开状态(2 个通道都闭锁),故障传送到 2 个输出 SO1 和 SO2,直到故障消失。如果一个二次侧电源欠压,相应的 IGBT 被 1 个负的门极电压驱动,从而保持在断开状态(通道闭锁),故障传送到相应的 SOX 输出,闭锁时间之后,SOX 输出自动复位(返回为高阻状态)。即使较低的电源电压,驱动器从 IGBT 的门极到发射极之间提供一个低阻。在 1 个半桥内,如果电源电压低,建议不要用 1 个 IGBT 驱动器操作 IGBTs 组。否则,高比率增加的 Vce 可能会造成这些 IGBTs 的部分开通。

驱动器内置的基本 Vce 监控电路,2 个 IGBT 的集电极—发射极电压可以通过电阻网络进行测量。导通时,响应时间之后,通过检测 Vce 检测输出端短路。如果该电压高于设定的门槛电压 Vth,驱动器检测到 IGBT 短路,并立即给相应的 SOX 输出发送信号。在 1 个额外的延时后,相应的 IGBT 关断。只要闭锁时间有效,IGBT 就一直保持断开(非导通),故障一直显示在管脚 SOX。闭锁时间独立应用于每个通道。只要 Vce 超过了 Vce 监控电路的门槛电压,闭锁时间开始。

【注意】 不饱和功能仅用于短路检测,不能提供过流保护,然而,过流检测有 1 个较低的时间优先级,可以由应用很容易的提供。

短路保护功能的实现是通过监控 IGBT 的 Vce 电压实现的,Vce 电压的监控还可实现故障后的操作禁止、电源欠压切断和状态反馈。大部分的驱动器在过流或短路时是不能限制过压的。有效钳位是指如果集电极—发射极电压超过预定的门槛电压时,由全开通变部分开通 IGBT 的一种技术。信号低的传播延时能在工作直流电压高、集电极电流大或短路情况下,有效关断 1 个 IGBT 模块。

4) IGBT 驱动设计规则

IGBT 驱动设计规则如下:

(1) 采用合适的开通和关断电阻。

(2) 考虑过压和反向恢复电流。

(3) IGBT 门极和发射极的保护措施。

(4) 必须进行防静电处理。

(5) 电路的保护措施。

(6) 上下桥臂 IGBT 的开通和关断延迟。

8.2.3 IGBT 失效及保护

1) IGBT 的失效机理

IGBT 的失效机理包括以下 4 点:

(1) MOS 绝缘栅结构在高温情况下会失去绝缘能力。

(2) 由于硅芯片与铝导线之间热膨胀系数的差异,在输出电流剧烈变化时,铝导线与硅芯片之间的接触面会形成热应力,从而造成裂纹,并会逐步导致铝线断裂。

(3) 由于处于芯片和散热铜底板间的陶瓷绝缘/导热片的热膨胀系数和散热铜底板的热膨胀系数不同,在底板温度不断变化时,连接两种材料的焊锡层会形成裂纹,从而导致散热能力下降,进而导致 IGBT 温度过高而失效。

(4) 由于振动,可能造成陶瓷片破裂,从而降低散热能力和绝缘能力。

上述失效机理将是综合影响并发生的。例如:在 IGBT 输出大电流时,铝线会受到热应力(机理 2);同时芯片温度会上升,将热传导到底板,造成底板温度上升,从而激发机理 3;当温度过高时,会直接导致机理 1 的发生。再加上汽车运行工况所带来的颠簸振动,导致机理 4 的发生。

汽车级电力电子模块重点改善功率循环和温度循环(温度冲击)所引起的失效机理。IGBT 的最大结温是 150℃,在任何情况下都不能超过该值。

2) IGBT 失效及保护

(1) 过热损坏。

集电极电流过大引起的瞬时过热及其他原因(如散热不良导致的持续过热)均会使 IGBT 损坏。如果器件持续短路,大电流产生的功耗将引起温度升高,由于芯片的热容量小,其温度迅速上升,若芯片温度超过硅本征温度(约 250℃),器件将失去阻断能力,栅极控制就无法保护,从而导致 IGBT 失效。实际运行时,一般最高允许的工作温度为 130℃ 左右。

保护措施:增加散热能力或通过降栅压来降低功率驱动。

(2)超出关断安全工作区。

超出关断安全工作区引起擎住效应而损坏。擎住效应分静态擎住效应和动态擎住效应。

保护措施:停止驱动输出。

(3)瞬态过电流。

IGBT在运行过程中所承受的大幅值过电流除短路、直通等故障外,还有续流二极管的反向恢复电流、缓冲电容器的放电电流及噪声干扰造成的尖峰电流。这种瞬态过电流虽然持续时间较短,但如果不采取措施,将增加 IGBT 的负担,也可能会导致 IGBT 失效。

保护措施:通过电流传感器(也可采用变压器、精密电流采样电阻等)检测是否过流,时间若长,停止驱动输出。

(4)过电压。

过电压会造成集电极、发射极间击穿。过电压也会造成栅极、发射极间击穿。

保护措施:监测 V_{CE} 电压降,如果电压降过小,采用降栅压来降低功率驱动或停止驱动输出。

8.2.4 IGBT 使用和检查

1)使用注意事项

IGBT 是逆变器中最容易损坏的部分。由于 IGBT 模块为 MOSFET 结构,IGBT 的栅极通过一层氧化膜与发射极实现电隔离。由于此氧化膜很薄,其击穿电压一般仅能承受到 20~30V,因此因静电而导致栅极击穿是 IGBT 失效的常见原因之一。

在使用 IGBT 模块时,尽量不要用手触摸驱动端子部分,当必须要触摸模块端子时,要先将人体或衣服上的静电用大电阻接地进行放电后再触摸;在用导电材料连接模块驱动端子时,配线未接好之前请先不要接上模块;尽量在底板良好接地的情况下操作。在应用中有时虽然保证了栅极驱动电压没有超过栅极最大额定电压,但栅极连线的寄生电感和栅极与集电极间的电容耦合,也会产生使氧化层损坏的振荡电压。为此,通常采用双绞线来传送驱动信号,以减少寄生电感。在栅极连线中串联小电阻也可以抑制振荡电压。

此外,当栅极—发射极间开路时,若在集电极与发射极间加上电压,则随着集电极的电位变化。由于集电极有漏电流流过,栅极电位升高,集电极则有电流流过。这时,如果集电极与发射极间存在高电压,则有可能使 IGBT 发热及致其损坏。

当栅极回路不正常或栅极回路损坏时(栅极处于开路状态),若在主回路上加上电压,则 IGBT 就会损坏。为防止此类故障,应在栅极与发射极之间串接一只 10kΩ 左右的电阻。

在安装或更换 IGBT 模块时,应十分重视 IGBT 模块与散热片的接触面状态和拧紧程度。为了减少接触热阻,最好在散热器与 IGBT 模块间涂抹导热硅脂,安装时应受力均匀,避免用力过度而损坏。一般逆变器的底部为水道,当水循环泵损坏或发动机舱前部的冷却风扇不转时,将导致 IGBT 模块发热而发生故障,逆变器的过热保护措施会使电动机工作电流时有时无。

智能功率模块(IPM)和散热器间应涂抹使用温度范围大且长期稳定、优良的热传导率的硅脂。为了填补 IPM 和散热器间弯曲的缝隙,请均匀涂抹,厚度标准为 150μm(推荐的厚度范围为 100~200μm)。

2)IGBT 过载使用

IGBT 不会轻易爆炸。如果因为过电压、过电流触发其紊乱发生爆炸,则是变频器的制作水平问题。一般采用 IGBT 作为整流或者逆变电路的元件,里面都有对元器件的自诊断、自保护功能,很偶然的情况下 IGBT 才会爆炸。大多数情况下是保护起作用,自动封锁功率器件。这就是 IGBT 的抗短路功能,其保护速度是很快的。如果过载使用,IGBT 自身会失去保护,需要注意其散热条件、环境温度、长期连续的工作电流选择和限制。

3)正常 IGBT 管极性判断

判断极性首先将万用表拨在 R×1kΩ 挡,若某一极与其他两极阻值为无穷大,调换表笔后该极与其他两极的阻值仍为无穷大,则判断此极为栅极(G)。其余两极再用万用表测量,若测得阻值为无穷大,调换表笔后测量阻值较小,则判断红表笔接的为集电极(C),黑表笔接的为发射极(E)。

4)有故障 IGBT 的检测

IGBT 管的好坏可用指针万用表的 R×1kΩ 挡来检测,或用数字万用表的"二极管"挡来测量 PN 结正向压降进行判断。检测前先将 IGBT 管三只引脚短路放电,避免影响检测的准确度;然后用指针万用表的两枝表笔正反检测 G、E 两极及 G、C 两极的电阻,对于正常的 IGBT 管(正常 G、C 两极与 G、E 两极间的正反向电阻均为无穷大;内含阻尼二极管的 IGBT 管正常时,E、C 极间均有 4kΩ 正向电阻),上述所测值均为无穷大;最后用指针万用表的红表笔接 C 极,黑表笔接 E 极,若所测值在 3.5kΩ 左右,则所测管为含阻尼二极管的 IGBT 管,若所测值在 50kΩ 左右,则所测 IGBT 管内不含阻尼二极管。对于数字万用表,正常情况下,IGBT 管的 C、E 极间正向压降约为 0.5V。

综上所述,内含阻尼二极管的 IGBT 管检测除上述以外,其他连接检测的读数均为无穷大。测得 IGBT 管三个引脚间电阻均很小,则说明该管已击穿损坏。维修中,IGBT 管多为击穿损坏。若测得 IGBT 管三个引脚间电阻均为无穷大,说明该管已开路损坏。

5)逆变器短路原因

(1)直通短路桥臂。

某一个器件(包括反并联的二极管)损坏或由于控制或驱动电路的故障,以及干扰引起驱动电路误触发,造成一个桥臂中 2 个 IGBT 同时开通。

直通保护电路必须有非常快的速度,在一般情况下,如果 IGBT 的额定参数选择合理,$10\mu s$ 之内的过流就不会损坏器件,所以必须在这个时间内关断 IGBT。母线电流检测用霍尔传感器,响应速度快,是短路保护检测的最佳选择。检测值与设定值比较,一旦超过,马上输出保护信号封锁驱动。同时用触发器构成记忆锁定保护电路,以避免保护电路在过流时的频繁动作。

(2)负载电路短路。

在某些升压变压器输出场合,副边发生短路的情况。

(3)逆变器输出直接短路。

在逆变器输出的三相交流电压供电线间直接短路。

8.3 智能功率模块

8.3.1 智能功率模块简介

智能功率模块(Intelligent Power Module,IPM)是一种先进的功率开关器件,具有 GTR(大功率晶体管)高电流密度、低饱和电压、耐高压及 MOSFET(场效应晶体管)高输入阻抗、高开关频率和低驱动功率的优点。而且，IPM 内部集成了逻辑、控制、检测和保护电路，使用起来方便，不仅减小了系统的体积以及开发时间，也大大增强了系统的可靠性，适应了当今功率器件的发展方向——模块化、复合化和功率集成电路(PIC)，在电力电子领域得到了越来越广泛的应用。

8.3.2 智能功率模块结构

智能功率模块是在 IGBT 的外围集成了驱动和诊断电子电路，从而实现驱动和诊断的功能。随着 IGBT 的工作效率达到 20kHz，智能功率模块(IPM)的工作效率也达到了 20kHz，并集成了驱动和诊断电子电路，因此代替了电力效应场管(MOSFET)和电力晶体管(GTR)。如图 8-18 所示为全桥智能功能模块，内含 6 个 IPM 模块的内部保护电路，分别独立驱动 6 个 IGBT。

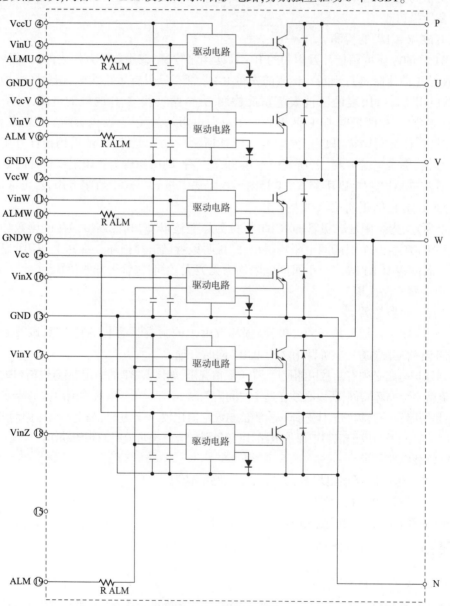

图 8-18 全桥智能功能模块

如图 8-19 所示为带制动控制的全桥智能功能模块,内含 7 个 IPM 模块的内部保护电路,下桥合并驱动。

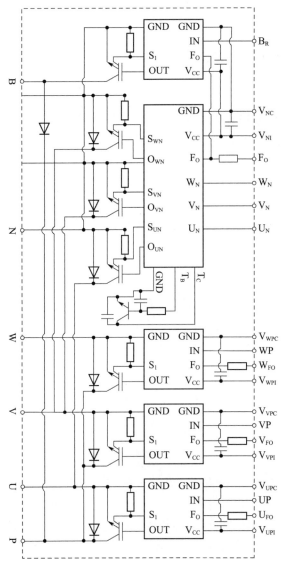

图 8-19 带制动控制的全桥智能功能模块

8.3.3 智能功率模块功能

1) 驱动功能

IPM 内的 IGBT 芯片都选用高速型,而且驱动电路紧靠 IGBT 芯片,驱动延时小,所以 IPM 开关速度快,损耗小。IPM 内部的 IGBT 导通压降低,开关速度快,故 IPM 功耗小。

2) 保护功能

当出现过电压、过电流(过载或直接短路引起的过流)和过热等故障时,自身先停止本 IGBT 的驱动,同时将检测信号送到上部控制器,控制停止全部 IGBT 的驱动,并对外输出故障码。

(1) 过流保护功能。

IPM 实时检测 IGBT 电流,当发生严重过载或直接短路引起的过流时,IGBT 将被软关断,同时送出一个故障信号。

(2) 过热保护功能。

在靠近 IGBT 的绝缘基板上安装了一个温度传感器,当基板过热时,IPM 内部控制电路将截止栅级驱动,不响应输入控制信号。

(3) 欠压保护功能。

驱动电压过低(一般为 15V)会造成驱动能力不够,增加导通损坏,IPM 自动检测驱动电源电压,当低于一定值超过 10μs 时,将截止驱动信号。

(4) 其他功能。

IPM 内藏相关的外围电路,无须采取防静电措施,大大减少了元件数目,体积相应小。

桥臂对管互锁是在串联的桥臂上,上下桥臂的驱动信号互锁,有效防止上下臂同时导通。优化的门级驱动与 IGBT 集成,布局合理,无外部驱动线,抗干扰能力强。

8.3.4 驱动和保护

如图 8-20 所示为单个 IPM 模块内部的驱动及保护电路框图。

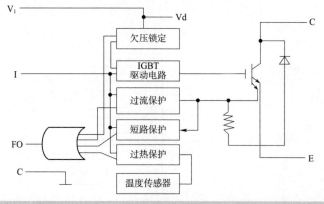

图 8-20 单个 IPM 模块内部的驱动及保护电路(含一个 IGBT 驱动 + 四个保护电路)

如果 IPM 内部四种保护电路中的一种保护电路工作,IPM 输出一个故障信号 FO(故障输出),IPM 自身先停止本 IGBT 的驱动,同时将检测信号送到上部控制器,控制停止 IPM 整个模块的全部 IGBT 的驱动,并对外输出故障码。

1) 控制驱动电源欠压锁定(UV)

UV(Under Voltage) 即为欠(低)电压。如果某种原因导致控制电压符合欠压条件,该功率器件会关断 IGBT 并输出故障信号。如果毛刺电压干扰时间小于规定的时间 $T_d(UV)$ 则不会出现保护动作。

2) 过热保护(OT)

OT(Over Temperature) 即为过热。在绝缘基板上安装有温度探头或测温二极管,如果超过数值 IPM 会截止栅极驱动,直到温度恢复正常(应避免反复动作)。

3) 过流保护(OC)

OC(Over Current) 即为过流。如果 IGBT 的电流超过数值,并大于关断时间 $T_{off(OC)}$,典型值为 10μs,IGBT 被关断。超过 OC 数值,但时间小于关断时间 $T_{off(OC)}$ 的电流,并无大碍,故

IPM 不予处理。当检测出过电流时,IGBT 会被有效的软关断。

4) 短路保护(SC)

SC(Short Circuit)即为短路。当发生负载短路或上下臂直通时,IPM 立即关断 IGBT 并输出故障信号。

【注意】过流采样和短路采样采用同一回路。

8.3.5 IPM 与微控制器的隔离

为防止主电路强电损坏控制器电路,在微控制器输出的反向器部分和 IPM 模块之间增加了光电隔离驱动电路(图 8-21)。

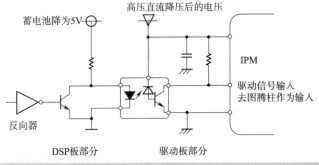

图 8-21 IPM 模块光电隔离驱动电路

在图 8-22 所示的 IPM 的电动机驱动电路中,低速光耦可用于故障输出端和制动输入端。

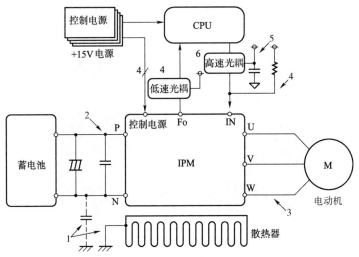

图 8-22 IPM 的电机驱动电路

1-散热器可能和 N 侧一样搭铁;2-平滑电容和薄膜电容应放在 IPM 附近;3-三相输出不能接电容;4-输入端子和光耦间配线尽量短;5-为了光耦稳定动作应输入加电解电容或陶瓷电容

8.4 车用变频器

8.4.1 变频器概述

整流和逆变是一个互逆的过程。整流是把交流变成直流的装置。整流器种类有单管单相半波整流、四管单相全桥整流、六管三相全桥整流器。逆变器是把直流变成交流的装置。种类有单管单相逆变器、四管单相全桥逆变器、六管三相全桥逆变器。

工业变频器是将三相或单相交流电先经整流桥整流成直流,再经逆变桥转成交流。电动汽车动力电源本身就为直流电源,所以,仅是一个逆变过程,不过人们习惯将逆变器称为变频器。

8.4.2 变频器内元件及其功能

1)电容器

逆变桥的直流输入端并联有大容量的电容器,可以在放电阶段提供储能器的作用,由于直流放电电容没有内阻,可使电动机加速更快。在充电阶段,可减小大电流对蓄电池的负面作用,还有滤波效果。

2)变频器控制单元

变频器控制单元接收来自纯电动汽车整车控制单元或混合动力电动汽车控制单元通过CAN总线发送过来的电动机转矩需求信号,根据电动机转子转速信号、电动机转子位置信号和三相电动机各相电流信号产生驱动逆变桥驱动单元的定时弱信号。

变频器控制单元的核心是数字信号处理器(Data Signal Processor,DSP),其作用是从混合动力控制单元(HV-ECU)或纯电动汽车控制单元(EV-ECU)接收发送过来的转矩信号,数字信号处理器(DSP)根据汽车电动机反馈的转速和相电流信号,输出控制电动机的达到控制目标的控制脉冲来驱动智能逆变桥(IPM)。

如图8-23所示为一汽B50EV纯电动汽车逆变器总成图。

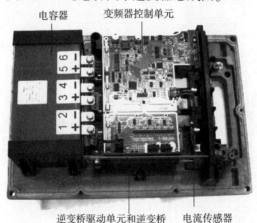

图8-23 一汽B50EV纯电动汽车逆变器总成

3)逆变桥驱动单元

如图8-24所示为驱动单元和逆变桥。其接收来自变频器控制单元的定时弱信号,将这个信号转换成能驱动逆变桥的15V正脉冲,或5~10V负脉冲。

4)逆变桥单元

图8-25所示为驱动单元和双单元IGBT模块。逆变桥单元由3个双单元IGBT模块组成,它把直流变成三相交流,给三相永磁直流无刷电动机供电。

若逆变桥出现故障(如欠电压保护、过电压、过流保护、过温保护、短路保护信号)时,

IPM通过串行故障输出端口传送给逆变器控制器。

图 8-24 驱动单元和逆变桥

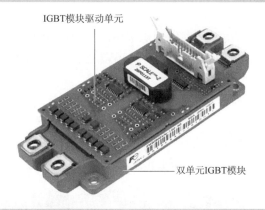

图 8-25 驱动单元和双单元 IGBT 模块

5) DC/DC 升压变换器

为了降低成本,同时提高蓄电池组的可靠性,设计上通常要减少蓄电池串联的数目,导致蓄电池总电压降低,电动机效率下降。为了提高电动机的效率,通常要采用升压 DC/DC 将低电压升压为高电压,再经逆变器把高压直流变成三相交流电。

6) DC/DC 降压变换器

混合动力电动汽车或纯电动汽车由于没有 12V 发电机,因此需要通过 DC/DC 将蓄电池由高压等级降压至 12V 等级为 12V 铅酸蓄电池充电,而 12V 蓄电池为全车电气系统供电。

为了共用散热器降压 DC/DC 的功率元件装在驱动电机的逆变器内部。也有汽车将降压 DC/DC 的功率元件布置在逆变器外部,这样的冷却系统是将逆变器、电动机、DC/DC、电动冷却液循环泵和散热器等串联。

7) 汽车上其他类型变频器

(1) 电动空调压缩机变频器。

电动汽车空调压缩机采用电动机驱动,一般直接用高压蓄电池电压,不用再像驱动电机那样升压。电动空调压缩机变频器如图8-26所示。

图8-26　电动空调压缩机变频器

(2)电动转向机变频器。

汽车上的12V变频器有电动转向电动机采用的变频器,因电动转向机电动机功率较小,所以变频器的逆变桥和控制单元体积都较小。36V(也称42V)系统可能会代替12V给电动转向机供电。

8.4.3　丰田普锐斯变频器

如图8-27所示为第二代丰田普锐斯变频器,逆变电路主要由智能功率模块(IPM)构成的逆变桥组成,IPM内部的核心是电动汽车换流的绝缘栅双极型晶体管(IGBT)。逆变器总成内升压DC/DC和两套逆变器担负着向MG1和MG2电动机提供交流电的功能。

图8-27　第二代普锐斯变频器控制单元和逆变桥

第二代普锐斯变频器控制单元和逆变桥原理图(图8-28)。

空调压缩机逆变器和降压DC/DC分别隶属于空调系统和电源系统。逆变器U、V、W三相输出中的V、W相设计有霍尔电流传感器。

第8章 电力电子变换

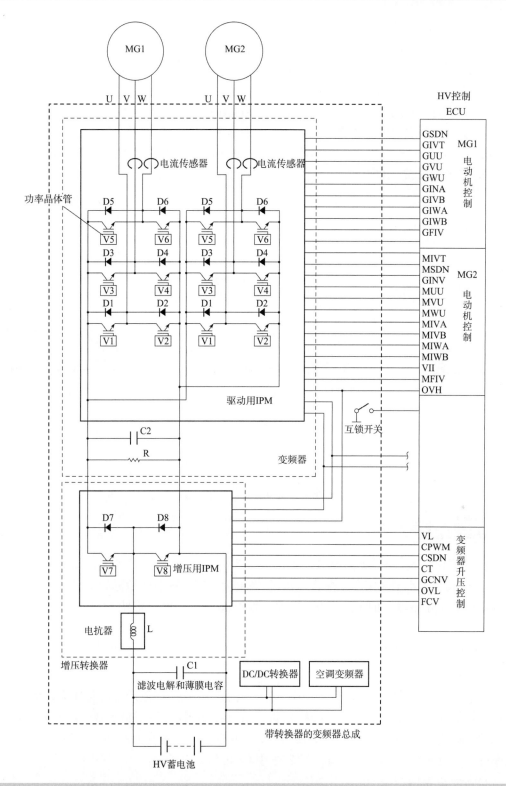

图8-28 第二代丰田普锐斯逆变器总成内部结构原理图

8.4.4 比亚迪 E6 电动汽车变频器

比亚迪 E6 纯电动 MPV 车型采用多功能变频器，其内部结构原理如图 8-29 所示，图中除电动机和充电口外的结构为比亚迪 E6 电动汽车变频器原理图，其功能如下：

(1) 实现直流变三相交流以驱动电机；

(2) 实现将外界的单相或三相交流电转化为直流电给蓄电池充电；

(3) 实现将蓄电池的直流电转化为交流电为充电口的交流用电设备供电，起移动充电站的作用；图 8-29 中，$R_{S1} - R_{S14}$ 为继电器开关（Relay Switch），R_D 为蓄电池给变频器供电的继电器，R_C 为蓄电池充电继电器。

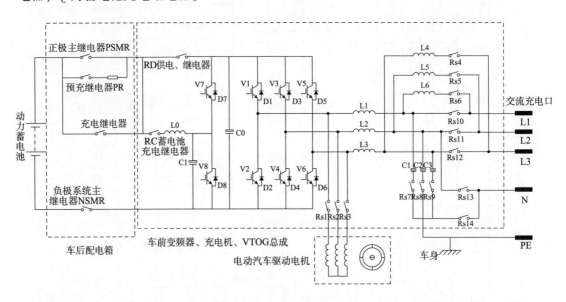

图 8-29　比亚迪 E6 电动汽车变频器（虚线框内）

8.5　冷却系统

电动汽车冷却技术是车辆辅助系统的核心技术之一，是动力、传动装置正常工作的重要技术保证，其技术水平及实车工况状态如何，将直接影响车辆性能指标的实现。电动汽车的性能特别是高温环境下的最大速度、最大爬坡度在很大程度上取决于冷却系统的热负荷特性。

8.5.1　热量的产生

1) 电机生热

汽车电机的工作电流大，铜线因电阻生热多，加之变化的电流产生的磁场会在定子硅钢片内和转子硅钢片内感应出电流生热，所以应合理控制温度，否则会出现绝缘下降、电机退磁和效率降低，要采用专门的冷却介质，一般采用油或防冻液作为冷却液。如图 8-30 所示汽车感应电机冷却液流向，即从定子到转子中心、再回到定子。

2) 逆变桥生热

电动汽车的电机逆变器和电机在工作中会有大量的热产生，特别是逆变器内的 IGBT 模块生热和热集中情况严重。

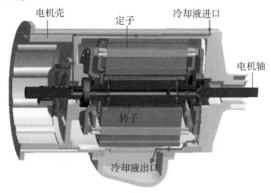

图8-30 汽车电机冷却液流向

注:现在已研制出一种新型的蒸发式冷却电机,这种电机是根据相变传热原理在液体—气体转变过程中实现高效传热。它的质量较相同功率普通电机要减轻40%左右。

例如:某电机和电机驱动器一体化系统,电机额定输出功率为24kW,电机最大输出功率为60kW,电机驱动器额定输入电压为312V,电机驱动器额定母线电流为86A,最大母线电流为236A。在电机额定输出功率下,电机驱动器发热损耗约为1.0kW,电机发热损耗约为1.53kW,因而电机和电机驱动器在额定输出功率下的总功耗为2.53kW,这个功率是很大的,对于升高冷却液温度是很快的,所以应尽快散热,防止温升。

整个机电系统的功率转换以串联的形式实现,所以系统功率由转换过程中功率最小的环节决定,蓄电池功率由其电压和电流能力决定,逆变器的功率由功率半导体器件(IGBT或MOSFET)的电压和电流能力以及散热能力决定,电机的功率由电机和散热能力决定。

3) DC/DC变换器生热

除了电机逆变器和牵引电机外,还有小功率的DC/DC变换器或DC/AC逆变器。逆变器产生的交流电用来驱动空调压缩泵电机。控制装置一般允许最高温度为60~70℃,而最佳工作环境温度在40~50℃。周围环境的温度较高时,很容易达到其上限温度,所以必须采取专门的冷却装置,对其温度进行控制。

发动机冷却系统可称为第一冷却系统,而由逆变器、电动机或DC/DC等组成的冷却系统可称第二冷却系统。

对于客车,没有空间上的要求,冷却系统较简单。对于轿车,其空间是一个重要问题,所以要有一套完整的散热机构,包括热交换材料、结构、冷却介质、电控风扇和水泵电机。另外,冷却控制方法上,轿车要比客车设计复杂和精确得多。目前已经生产的电动汽车中电机驱动控制系统的冷却方式主要有强迫风冷和液冷两种。液冷效果较好,其中,油冷的相对冷却能力为强迫风冷的20倍以上,水冷的冷却能力为强迫风冷的50倍以上,采用液冷系统的电机和电机驱动系统是适合于电动汽车冷却的必然趋势。

8.5.2 逆变器、电机串联冷却系统

如图8-31所示为丰田普锐斯第二冷却系统,其用于逆变器总成(丰田称变频器总成)、MG1和MG2,采用了配备有电动水循环泵的冷却系统。电源状态转换为IG(点火)时此冷却系统工作。冷却系统的散热器集成在发动机的散热器中。这样,散热器的结构得到简化,空间也得到有效利用。

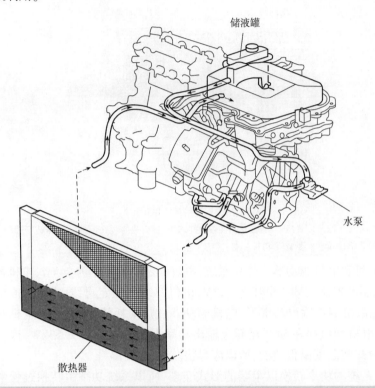

图 8-31　丰田普锐斯第二冷却系统
注：这种是增压和降压 DC/DC 变换器、辅助蓄电池 DC/DC、MG1 和 MG2 电机逆变器集成在一体进行冷却。

8.5.3　发动机、逆变器和电机冷却系统

如图 8-32 所示为奥迪 Q5 混合动力电动汽车冷却系统，为了冷却电动功率电子控制装置 JX1 中的逆变桥，增设一个低温冷却循环回路。在冷却液循环和温度管理方面引入了发动机控制系统 MED.17.1.1，它有 3 个处理器，可以实现创新温度管理。使用这种控制单元的目的是通过改进车辆热平衡，进一步降低油耗和 CO_2 排放。

所谓改进热平衡，是指将所有生热部件和需要加热部件连接，比如发动机和变速器上的温度保持功能将能使发动机工作在效率最佳的范围内。

奥迪 Q5 混合动力电动汽车上的冷却系统分为低温循环和高温循环两部分。在发动机不工作时，冷却液是由电动冷却液泵来循环的。

发动机冷却系统为高温循环部分，组件包括暖风热交换器、冷却液截止阀 N82、电机 V141、高温循环冷却液泵 V467、冷却液泵、废气涡轮增压器、发动机机油冷却器、冷却液温度传感器 G62、特性曲线控制的发动机冷却系统节温器 F265、冷却液续动泵 V51、高温循环散热器、变速器机油冷却器。

电机驱动为低温循环部分，组件包括：电动功率电子控制装置 JX1、低温循环冷却液泵 V468、低温循环散热器。

8.5.4　奔驰 400 混合动力功率系统的冷却

如图 8-33 所示为奔驰 400 混合动力电动汽车的冷却系统管路。

第8章 电力电子变换

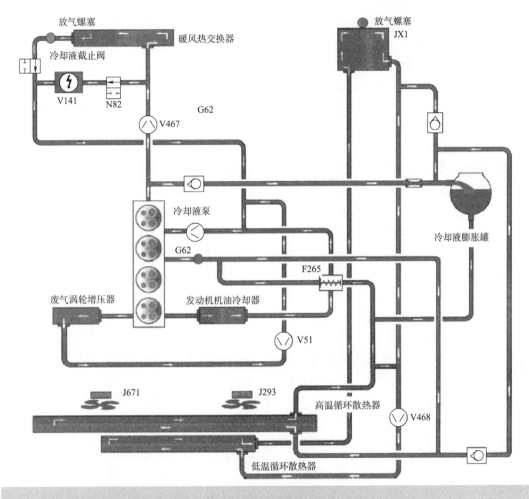

图 8-32 奥迪 Q5 混合动力电动汽车冷却系统

F265-特性曲线控制的发动机冷却系统节温器[2](开启温度 95℃);G62-冷却液温度传感器;J293-散热器风扇控制单元[1];J671-散热器风扇控制单元[2];JX1-电动功率电子控制装置(变频器);N82-冷却液截止阀[2](在热的一侧);V51-冷却液续动泵[2];V141-电机[1];V467-高温循环冷却液泵[2];V468-低温循环冷却液泵[1]

注:[1]由电动功率电子控制装置 JX1 来控制;[2]由发动机控制单元 J623 来控制;[3]由空调控制单元 J255 经空调冷却液截止阀 N422 来间接控制。

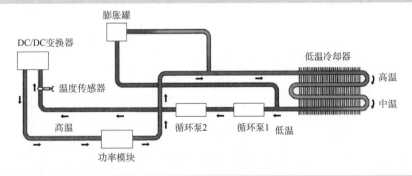

图 8-33 奔驰 400 混合动力电动汽车的冷却系统

这种是 DC/DC 变换器和电机功率控制器分体时的冷却,也称串联冷却。

混合动力电动汽车发动机的冷却和电动机冷却从设计上是可以设计在一起的,但功率电子元件则必须选择独立冷却或与电动机组成独立冷却系统。这种冷却在仪表上不设计电动机的水温表,而是用电机温度过高的符号表示。

【注意】国外由于电动汽车发展比较成熟,电动汽车中的电子功率热源电机逆变器和 DC/DC 通常集中在一个散热片上,这时有电机和功率电子部件两部分热源。

8.5.5 增加输出功率的方法

增加 PCU(功率控制单元)的功率半导体元件数量或使元件比原来流过更大电流时,PCU 存在散热的问题。现在的车载用功率半导体最高可耐 150℃高温,因此需要采用始终将温度保持在 150℃以下的冷却结构。

1)散热器双面半导体冷却技术

散热器单面冷却技术在解决大电流功率半导体的散热问题时有占用空间大的缺点,现在大部分电动汽车都采用了散热器双面半导体冷却技术,节省空间的同时,增加了散热效果。单面冷却半导体元件可流过 200A 电流,采用双面冷却后,可流过 300A 以上的电流,使单位体积的输出功率比原来提高了 60%。在相同的输出功率情况下,体积则可比原来减小约 30%,质量减轻约 20%。

过去,丰田汽车的前两代丰田普锐斯及皇冠 Hybrid 等车型一直利用单面水冷冷却功率半导体。2009 年以后采用了双面冷却技术。

2)耐热半导体

功率半导体的耐热性有可能得到彻底解决。比如,现在使用的是 Si(硅)晶圆,而用 SiC(碳化硅)材料做的话,耐热性将大幅提高,同时还能够通过更大的电流。

 习题

1. 写出电力 IGBT 的特点。
2. 写出电力 IGBT 的驱动电压和截止电压。
3. 写出如何通过测量确定一个电力 IGBT 的好坏。
4. 写出变频器中 5 个主要元件的作用。
5. 写出电机和变频器的冷却路径。

第9章 DC/DC 变换器

学习目标

1. 简要说出 DC/DC 变换器的作用。
2. 简要说出全桥 DC/DC 变换器如何工作。
3. 简要说出半桥 DC/DC 变换器如何工作。

情境引入

电动汽车没有 12V 直流发电机,小林的同学想听他说汽车上的 12V 用电器是由谁来供电的。

9.1 DC/DC 变换器简介

9.1.1 DC/DC 变换器的作用

直流(Direct Current,DC)—直流变换器也称 DC/DC 变换器。

燃油车和电动汽车的辅助子系统二者的主要区别在于,燃油车的辅助蓄电池由与发动机相连的交流发电机来充电,而电动汽车的辅助蓄电池则由主电源通过 DC/DC 变换器来充电。电动汽车或混合动力汽车中用来推动电动机转动的能量来自于动力电池,动力电池为众多块蓄电池串联组成,电压较高,所以也叫高压电源。

电动汽车中 DC/DC 变换器的主要功能如下。

1)降压变换器

单向 DC/DC 变换器把动力电池高压直流降压为燃油汽车中发电机的直流电压如 12V 或 24V。例如将 400V 动力电池电压在汽车行驶中会降到电机不能工作的电压,如电压 280V,DC/DC 变换器保证在 280~400V 变化电压区间内输出稳定的 14V 电压。

另外,当主蓄电池完全放完之后,汽车已经不能行驶时,DC/DC 变换器仍能从蓄电池中吸取能量向电动汽车的基本辅助子 12V 系统提供稳定 14V 电力,对于 24V 系统提供稳定 28V 电力。

2）升压变换器

(1) 对动力电池电压进行升压。

采用 DC/DC 变换器将蓄电池高压升为更高的直流电压来驱动电机运转,可提高系统的工作效率。

(2) 对 12V 铅酸蓄电池进行升压。

在高压蓄电池容量不能驱动汽车时,为了让汽车能驶离路面,防止阻塞交通。而采用 DC/DC 变换器将 12V/24V 铅酸蓄电池电压升为高压锂离子(或镍氢蓄电池)蓄电池的电压来驱动电机运转。

9.1.2 DC/DC 变换器的分类

1）升压型和降压型

升压型主要用在高压蓄电池数目少,高压数值低,为了提高电机效率,采用了升压型 DC/DC 变换器。降压型 DC/DC 变换器主要用在高压蓄电池和铅酸蓄电池之间。

2）全桥型和半桥型

全桥型和半桥型 DC/DC 变换器,详见第十章第三节内容。

3）非绝缘型和绝缘型

非绝缘型 DC/DC 变换器是电路两侧通过电子元件相连通;绝缘型 DC/DC 变换器是电路两侧采用变压器隔离,采用磁能交换。绝缘型 DC/DC 变换器的换能部件是变压器。变压器由一次侧(输入侧、动力电池侧)和二次侧(输出侧、铅酸蓄电池侧)两种线圈构成。线圈匝数比与电压比成比例。利用变压器改变电压时,变压器需通过交流电压。动力电池是直流电压,DC/DC 变换器通过控制芯片控制功率半导体导通、截止将动力电池的直流电压,转换成交流电压。利用变压器转换交流电压,再利用功率半导体将交流电压转换成 14V 的直流电压。利用功率半导体转换交流和直流时,负载电容器是为抑制电压波形的噪声,平滑化输出电压。这两种 DC/DC 变换器的工作效率都很高,一般为 85%～95%,并且适于商用。非绝缘型 DC/DC 变换器结构简单和成本低,而绝缘型 DC/DC 变换器则能将主电源的高等级电压与辅助蓄电池的低等级电压隔离开来,更加安全可靠。

4）单向 DC/DC 和双向 DC/DC

单向 DC/DC 变换器只能向一个方向实现电压转换,双向 DC/DC 变换器能互相实现电压转换。单向 DC/DC 变换器多用于将燃料电池的电压升为与其并联的蓄电池电压。双向 DC/DC 变换器多用于将动力电池的电压升压为电机工作电压,或反之。也可以将动力电池的电压降为 12V 铅酸蓄电池的电压,或反之。

9.2 电动汽车辅助子系统

9.2.1 汽车辅助子系统

在电动汽车中,除驱动电机以外的高压 400V 外,人们常把汽车电器和底盘电控制部分的用电器称为辅助子系统。比如汽车电气的空调器、收音机、喇叭、车灯系统、电动车窗、刮水器等;汽车底盘的动力转向系统、液压制动、气动制动等,它们多为 14V 或 28V 电压。

传统汽油发动机当发动机转速低时,如果空调、音响及车灯等同时使用,即使发动机仍在运行,有些条件下也会出现电力不足现象。使用动力电池和 DC/DC 变换器之后,可以不必考虑发动机的转速而为铅酸蓄电池充电。在传统的燃油车中只有起动用的起动蓄电池，一般只用一个12V或24V的蓄电池为辅助子系统供电。

9.2.2 保留铅酸蓄电池的必要性

电动汽车以动力电池为电源，能够利用DC/DC变换器为铅酸蓄电池充电。因此，混合动力车装备DC/DC变换器之后，还可省去原车交流发电机。

混合动力车和电动汽车按说也能省去铅酸蓄电池，但实际上还是保留了铅酸蓄电池。这样做有两大原因。一是保留铅酸蓄电池更能够降低整个车辆的成本；二是确保电源的冗余度。铅酸蓄电池能在短时间内向空调、刮水器及车灯等释放大电流。如果省去铅酸蓄电池，通过DC/DC变换器将动力电池的电力用于空调及刮水器；会导致DC/DC变换器的尺寸增大，从而使整体成本增加。另外，铅酸蓄电池便宜，因此目前将铅酸蓄电池置换成动力电池（锂离子蓄电池等）还没有成本上的优势。铅酸蓄电池还有确保向低压供电的冗余度的作用。DC/DC变换器出现故障停止供电时，如果没有铅酸蓄电池，低压电就会立即停止运行。夜间车灯不亮，雨天刮水器停止运行等，就会影响驾驶。如果有铅酸蓄电池，便能够将汽车就近开到家里或者修理厂。

9.2.3 低压电系统

在电动汽车上，为区别12V电系，我们通常将60V以上的直流电压称为接触不安全高压。

汽油发动机车辆通常电器采用12V电压等级供电。几百伏的动力电池电压需要经DC/DC变换器降压输出14V给12V电压等级的用电器和铅酸蓄电池供电。

柴油发动机车辆通常电器采用12V或24V电压等级供电。对于24V电压等级，几百伏的动力电池电压需要经DC/DC变换器降压输出28V给24V电压等级的用电器和铅酸蓄电池供电。

【**专业指导**】汽车高、低压规定和特种作业对高、低压的界限是完全不同的。

在电工的特种作业领域：直流电压1500V以下为低压，不接触不触电，其中A级即60V以下为接触安全电压，B级为60~1500V接触不安全电压，称为低压；高于1500V以上会有电离空气导电触电，不接触也可能触电，称为高压。交流电压1000V以下为低压，不接触不触电，其中A级即36V以下为接触安全电压，B级为36~1000V接触不安全电压，称为低压交流；高于1000V以上会有电离空气导电触电，不接触也可能触电，称为高压交流。国际上也有将25V交流电称为接触安全电压。

最后要说的是电动汽车电动机电压或动力电池电压规定最高为750V，实际一般为直流300~400V之间，在低压直流1500V的1/4电压范围，所以第一绝对不是高压，第二是低压，且是低压中的较低范围。

9.2.4 高压电系统

为了节约能量，对于那些功率大的设备，如电机控制器、动力转向系统、液压制动或气动制动、空调除霜器（加热器）等要采用较高的电压供电。因此有几个DC/DC变换器，它们降压分别输出除了常规的14V、28V之外，还要采用48V甚至120V的次高压。这使得电动汽车的辅助蓄电池系统比燃油车的原车系统更为复杂。

电动汽车辅助子系统的能量消耗比燃油车大得多。各种辅助子系统的功耗如表9-1所列。从表9-1中可以看出,空调器是电动汽车辅助子系统中功耗最大的子系统,它的功耗大约占所有辅助子系统功耗的60%~75%。为了减少空调器的损耗,通常采用120V的电压等级供电。此外,为了避免辅助蓄电池的能源在短时间内耗尽,大功率的子系统,如空调器、动力转向系统、液压制动或气动制动和除霜器等,应当只有在接触器闭合时才能工作,这样可以直接从主电源中获取所需的动力。

电动汽车辅助子系统的功耗　　　　表9-1

负载类型	用电设备	额定功率(W)	权 值	计算功率(W)
长期用电设备	组合仪表、蓄电池	84	1	84
连续用电设备	刮水器电动机、音响系统等	1228	0.5	614
短时间歇用电设备	电喇叭、各类信号灯等	2050	0.1	205
EV附加用电设备	电动真空泵	420	0.1	42
	电动水泵	50	1	50
	电动转向	250	0.3	75
总功率		4082		1070

DC/DC变换器的优化容量表示蓄电池的充电和放电过程能够相互平衡,而且辅助蓄电池一直保持满充状态。例如:如果选择更大的容量,则充电过程就比放电过程占优势,就会导致DC/DC变换器尺寸过大或者出现辅助蓄电池过充的问题;如果选择小一点的容量,则蓄电池的放电过程就比充电过程占优势,这将会导致辅助蓄电池在紧急情况下使用时失去满充状态。

除高压供电的电动空调压缩机用电动机、电动空气压缩机、暖风电加热器和逆变桥之外,其他子系统的能耗大约为1kW,所以选DC/DC变换器至少为1kW。若动力转向不采用12V供电,则DC/DC变换器的功率可以减小,但实际中为保险起见通常选DC/DC变换器至少为1.5kW。

一般电动客车只有一个DC/DC变换器,把高压如400V直流降压为14V或28V直流电,这样的空调系统直接采用动力电池直流电压400V供电,交流400V给空气压缩机电动机和转向油泵电动机供电。对于高档电动车可以有几个DC/DC变换器,从而产生不同的直流电压,同时也有不同的DC/AC变换器产生不同的交流电压驱动不同系统的电机工作。当然也可以把低压直流如200V升为高压直流600V,不过这种升压是为动力电机驱动汽车使用。

电动汽车DC/DC变换器实物(图9-1)为独立一体,内部电力电子件、变压器、滤波电感的生热采用水冷。

吉利电动汽车水冷DC/DC变换器(图9-2)采用散热器双面安置电子元件技术,散热器上部为驱动电机的变频器,下部为降压DC/DC变换器,两个外露的电接柱为DC/DC变换器原输出。

9.2.5　DC/DC变换器的发展方向

1) DC/DC变换器功能改进的方向之一是双向化

现在使用的DC/DC变换器只是单向改变电压,也存在要求双向改变电压的需求。当动力电池的电力不足时,便可将铅酸蓄电池的电力输入动力电池,用于瞬时起动发动机,以备紧急之需，这也是确保冗余度的方法，如图9-3所示为奔驰混合动力汽车12V双向DC/DC变换器。

图9-1 独立水冷电动汽车DC/DC变换器实物

图9-2 水冷直流DC/DC变换器（内置到变频器底部）

由于12V车载电气系统与高压车载电气系统之间会交换蓄电池能量，因此，在点火接通的情况下，可通过12V跨接电缆对车辆进行跨接起动。换言之，如果蓄电池已经放电，则不需要单独的高电压充电器来起动车辆。

2) DC/DC变换器不断小型化、轻量化、效率不断提高

为了减小空间占用，DC/DC变换器的变压器的种类及DC/DC变换器电路越来越小型化，开关技术的进步和控制的精确使效率也不断提高。

3) DC/DC变换器由单独散热器向与其他功率元件共用散热器方向发展

为了减小散热器的数目为一个，有些车型将一套或两套驱动电机的变频器（DC/AC）、升压DC/DC变换器（针对部分混合动力汽车）、降压DC/DC变换器等电力转换部件集成到一个散热器上。

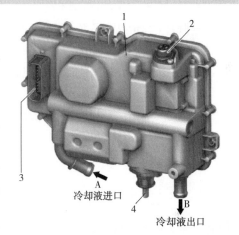

图9-3 奔驰混合动力汽车12V双向DC/DC变换器
1-DC/DC变换器模块；2-高电压插头连接（高压蓄电池）；3-DC/DC变换器控制单元的12V插头连接；4-电路30的螺纹连接；A-冷却液进口；B-冷却液出口

在早期的轻型混合动力汽车中，散热器的布置采用分布式。如图9-4所示，电力电子模块3和DC/DC变换器模块4块共用一个低温冷却系统，该系统与内燃机的冷却系统分开。该低温冷却系统可防止电力电子模块和DC/DC变换器模块出现过热损坏。电控控制单元通过来自低温回路温度传感器的电压信号记录电力电子冷却系统中的冷却液温度。发动机控制单元根据冷却液温度控制循环泵1继电器，使循环泵1打开。循环泵2通过循环泵2继电器打开。点火开关接通时，循环泵2继电器由电路15（点火起动电路15）驱动。冷却液流经DC/DC变换器模块和电力电子模块，并吸收这些部件的热能。之后，冷却液流经低温冷却器，由此处的气流进行冷却，然后流回循环泵1中。

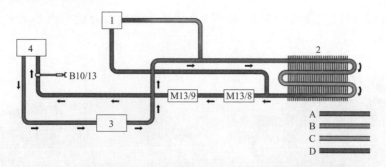

图9-4 德国奔驰400轻混电力电子冷却回路的示意图

1-膨胀水箱；2-低温冷却器；3-电力电子模块；4-DC/DC变换器模块；B10/13-低温回路温度传感器；M13/8-循环泵1；M13/9-循环泵2；A-对低温冷却器供给，冷却液温度非常高；B-冷却液温度较高；C-冷却液温度适中；D-自低温冷却器回流，冷却液温度较低

9.3 单、双向DC/DC变换器工作原理

9.3.1 基本BUCK电路

实现降压的DC/DC变换器的主电路结构有很多，其中BUCK（降压）型DC/DC变换器以其结构简单，变换效率高的特点是首选的DC/DC变换电路拓扑结构之一。

DC/DC变换器一般由控制芯片，电感线圈，二极管，三极管，电容器构成。基本BUCK电路的原理图如图9-5所示，U_{in}输入电压，U_o是BUCK电路的输出电压，C_{in}是输入电容，S是主功率开关晶体管，D是主功率二极管，L是储能电感。

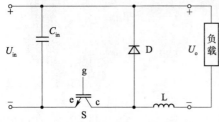

图9-5 基本BUCK型DC/DC电路拓扑

基本BUCK电路的工作过程如下：当开关晶体管S导通时，电流经负载、电感L流过S并线性增加，电能以磁能形式存储在电感线圈L中，同时给负载供电，电容C_{in}、负载、L、S构成回路，此时由于二极管D的阳极接负电位，D处于截止状态，当S由导通转为截止时，"存储在电感"L中的能量释放出来，通过D续流维持向负载供电，L、D和负载构成回路，若周期性地控制开关晶体管S的导通与关闭，即可实现能量由U_{in}向U_o的降压传递电路的输出，电压$U_o = \delta U_{in}$，δ为开关晶体管S的导通占空比，为达到上述降压传递，开关晶体管S与二极管D必须轮流导通与关断，二者之间频繁地进行换流。

在燃料电池电动汽车（FCEV）上燃料电池只是由燃料产生电能，而不能储存电能，因此采用了单向DC/DC变换器。FCEV采用的电源有各自的特性，燃料电池只提供直流电，电压和电流随输出电流的变化而变化。燃料电池不可能接受外电源的充电，电流的方向只是单向流动。FCEV采用的辅助电源（蓄电池和超级电容器）在充电和放电时，也是以直流电的形式流动，但电流的方向是可逆性流动。

FCEV上的各种电源的电压和电流受工况变化的影响呈不稳定状态。为了满足驱动电动机对电压和电流的要求及对多电源电力系统的控制，在电源与驱动电动机之间，用计算机控制实现对FCEV的多电源的综合控制，保证FCEV的正常运行。FCEV的燃料电池需要装置单向DC/DC变换器，蓄电池和超级电容器需要装置双向DC/DC变换器。

9.3.2 全桥 DC/DC 变换器

燃料电池发动机输出的电压一般为240～450V，燃料电池的输出电压随着燃料电池输出的电流的增大而减小。另外，由于燃料电池不能充电，因此，配置单向全桥 DC/DC 变换器，将燃料电池的波动电流转换为稳定、可控的直流电源。全桥 DC/DC 变换器输入端用 4 个导通开关和 4 个整流二极管共同组成大功率的直流电变换器(IGBT)，中部为高频变压器 Tr，输出端用 4 个整流二极管共同组成整流器。全桥 DC/DC 变换器电路原理如图9-6所示。

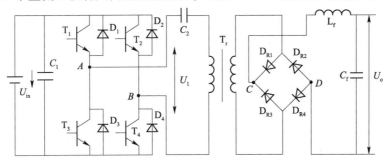

图 9-6　绝缘型全桥 DC/DC 变换器的原理

当导通开关 T_1 先导通时，在延迟一定的 α 电位角后再导通开关 T_4，而 T_2 和 T_3 被截止。T_1 和 T_4 轮流导通180°电位角。此时电压 $U_1 = U_{in}$。然后转换为开关 T_2 先导通，在延迟一定的电位角后，再导通开关 T_3，而 T_1 和 T_4 被截止，T_2 和 T_3 轮流导通180度电位角。此时电压 $U_1 = -U_{in}$。当控制 4 个开关轮流导通时，将产生交变电压和电流，在 A、B 两个点上可以得到一个交流方波电压和电流。

在交流方波电压原边电路中串联一个电容 C_2，以防止变压器的磁偏心，然后将交流方波电压 U_1 输入到变压器 T_r 的原边中，变压器通过调节占空比来调节输出电压 U_o，控制和保持副边输出电压 U_o 的稳定。副边后面与一个 4 管整流器相连接，通过整流后在 C、D 两个点上可以得到一个直流电压。C、D 电路中加入由电感 L_f 和电容 C_f 组成的滤波器，将直流方波电压中的高频分量滤除，得到一个平直的直流电压。

只要改变导通时间，就可以调节输出电压 U_o 的值。选择智能控制的大功率全桥 DC/DC 变换器，可以有良好的自我保护能力和使用寿命。

DC/DC 变换器的外特性如图 9-7 所示，单向 DC/DC 变换器的控制框图如图 9-8 所示。根据 FCEV 的动力性能设计要求，确定 DC/DC 变换器输出电压是给定值。当燃料电池电流逐渐增大时，电压基本保持平稳，通过对输出电压的闭环控制，实现 DC/DC 变换器的恒压输出(图 9-7 中的 A—B 段)。当燃料电池电流继续增大、电压快速下降时，通过对输出功率控制，实现 DC/DC 变换器的恒功率输出(图 9-7 中的 B—C 段)。由于燃料电池的电压达到下限值要受到所反应的温度、压力和环境等的影响，图 9-7 的 B—C 段的功率不能事先给定，而是用此时通过燃料电池的输出电压和电流来测定，并实时对 DC/DC 变换器的输出功率进行调节，这是保证燃料电池不会发生过放电的关键措施。当 DC/

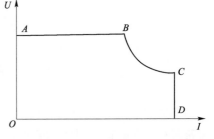

图 9-7　DC/DC 变换器的外特性

DC 变换器达到最大输出电流时,电压迅速下降(图 9-7 中 C—D 段)为恒电流段,其电流值决定 DC/DC 变换器的最大输出电流。

图 9-8　DC/DC 变换器的控制框图

控制芯片控制功率半导体导通、截止。调制方式有 PFM(脉冲频率调制方式)和 PWM(脉冲宽度调制)两种方式。PFM 调制时开关脉冲宽度一定,通过改变脉冲输出的时间,使输出电压达到稳定。PWM(脉冲宽度调制)方式开关脉冲的频率一定,通过改变脉冲输出宽度,使输出电压达到稳定。通常情况下,采用 PFM 和 PWM 这两种不同调制方式的 DC/DC 变换器的性能不同点如表 9-2 所示。

两种不同调制方式变换器的性能不同点　　　表 9-2

项目	PFM	PWM
电路规模(IC 内部)	简单	复杂
消耗电流	较少	较多
纹波电压	较大	较小
瞬态响应	较差(反应较慢)	较好(反应较快)

PWM 调制方式。在选用较低频率的情况下,小负载时,效率较高,输出电压的纹波较大。在选用较高频率的情况下,小负载时,效率很低,输出电压的纹波较小。因此,在小负载或待机时间较长的情况下,选用低的频率,转换电路的效率较高,但若考虑输出电压的纹波问题,若选用高的频率,纹波电压会较小。DC/DC 变换器通过开关动作进行升压或降压,特别是晶体管或场效应管处于快速开关时,会产生尖峰噪声,以及电磁干扰。

9.3.3　双向 DC/DC 变换器

在以蓄电池和超级电容器组成的混合电源上,一般蓄电池以稳态充、放电的形式工作,

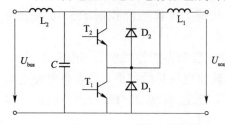

图 9-9　非绝缘型双向 DC/DC 电流变换器电路

而超级电容器在电动车辆起动时,能够以大电流的放电形式工作,在接受外电源或制动反馈的电能时又能以大电流的充电形式工作。蓄电池和超级电容器的电流为双向流动,因此,在蓄电池和超级电容器与电力总线之间装置双向、升降压(Buck-Boost)型 DC/DC 变换器,双向控制和调配所输入和输出的电流。升降压双向 DC/DC 变换器电路如图 9-9 所示。

在升、降压双向 DC/DC 变换器的输入端用 2 个导通开关和 2 个整流二极管,分别组成 2 个大功率的直流电变换器(IGBT),在输入端装有电感器 L_2 和电容器 C,在输出端装有电感器 L_1。双向 DC/DC 变换器处于充电工况时,导通开关 T_1 切断,导通开关 T_2 导通,充电机或制动反馈的电流,经由动力总线向蓄电池或超级电容器中充电。在通过电感 L_1 时,部分电流暂时存留在电感 L_1 中,当导通开关 T_2 断开后,电感 L_1 中存留的电流通过整流二极管 D_2 转存在电容器 C 中。双向 DC/DC 变换器在对超级电容器充电时处于降压(Buck)状态。在

超级电容器电路上装置电感 L_1 还可以减小进入超级电容器线路的电流脉冲。

双向 DC/DC 变换器处于放电工况时,导通开关 T_1 导通,导通开关 T_2 切断。蓄电池或超级电容器放电,电容器 C 中储存的电荷也同时放电,电流方向是由超级电容器向动力总线方向流动,DC/DC 变换器对外放电处于升压(Boost)状态。在总线电路上装置电感 L_2 可以减小进入总线的电流脉冲。

9.3.4 丰田普锐斯用单向 DC/DC 变换器

1) 增压和降压变换器

如图 9-10 所示,增压变换器将 HV 蓄电池输出的额定电压 DC201.6V 增压到 DC500V 的最高电压。变换器包括增压 IPM(集成功率模块),其中内置的 IGBT(绝缘栅极双极型晶体管)进行转换控制,由反应器(电感线圈)存储能量。通过使用这些组件,变换器将电压升高。电机 MG1 作为发电机工作时,变频器通过其将交流电(201.6V 至 500V)转换为直流电,然后增压变换器将其降低到 DC201.6V 为 HV 蓄电池充电。

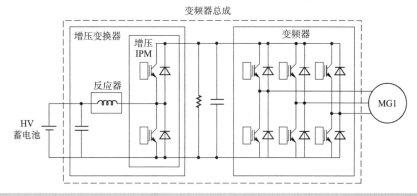

图 9-10 增压和降压变换器

2) 双半桥 DC/DC 变换器

如图 9-11 所示,车辆的辅助设备,如车灯、音响系统、空调系统(除空调压缩机)和 ECU,它们由 DC12V 的供电系统供电。由于二代混合动力普锐斯发电机输出额定电压为 DC201.6V,因此,需要变换器将这个电压降低到 DC12V 来为备用蓄电池充电。这个变换器安装于变频器的下部。

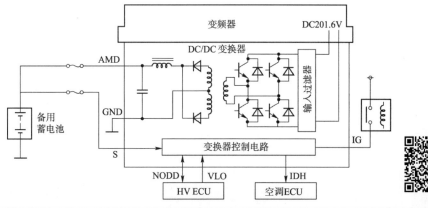

图 9-11 DC/DC 变换器系统图

习题

1. 简要写出 DC/DC 变换器的作用。
2. 简要写出全桥 DC/DC 变换器如何工作。
3. 简要写出半桥 DC/DC 变换器如何工作。

第 10 章 电动汽车空调系统

学习目标

1. 简要说出电动汽车制冷方法。
2. 简要说出电动汽车制热方法。

情境引入

小林打开了电动汽车的空调,噪声明显比同级的燃油汽车小得多,听说更节能,他想知道是怎么回事。

10.1 电动汽车空调的作用和特点

10.1.1 电动汽车空调的作用

汽车空调的功能是把车厢内的温度、湿度、空气清洁度及空气流动性保持在使人感觉舒适的状态。在各种气候环境条件下,电动汽车车厢内应保持如传统汽车的舒适状态,以提供舒适的驾驶和乘坐环境。因此一套节能高效的空调系统对电动汽车开拓市场也起到至关重要的作用。

10.1.2 电动汽车空调的优、缺点

电动汽车空调是房间空调的延续,但与房间空调相比较,电动汽车空调又有着许多特殊的要求和特点:汽车车身隔热层薄,而且门窗多,玻璃面积大,隔热性能差,致使车内漏热严重,即热湿负荷大;车内设施高低不平且有座椅,气流分配组织困难,难以做到气流分布均匀;车辆行驶时电动汽车空调要承受剧烈而频繁的振动与冲击。这要求电动汽车空调的零部件应有足够的强度和抗振能力,接头牢固并防漏。

1)优点

(1)变频空调更节能。电动压缩机采用变频控制,电机转速根据驾驶员设定的车内温度和实际温度的温差确定。当温差大时变频压缩机高转速运行;当温差小时电机低转速运行

或不运行,这就避免了传统汽车发动机一直带动压缩机运转的能量消耗,实现节能。

(2)噪声更小。本身电动压缩机的噪声就小,加之电动压缩机能自动变频调速实现低转速运行,噪声就更小。

2)缺点

在纯电动汽车上,由于对动力电池制冷和制热的需要,使空调系统的制冷和制热除了车内空间外,还要实现对蓄电池箱内部的制冷和制热,因而在空调的制冷和制热管路上分别增加了电磁阀和热交换器来实现制冷和制热的控制,从而增加了成本。

10.2 电动汽车空调制冷方式

10.2.1 电动汽车制冷系统的组成

如图 10-1 所示,制冷系统主要由纯电动或混合动力汽车的压缩机、冷凝器、储液干燥器、膨胀阀(节流阀)、蒸发器和控制电路等组成。

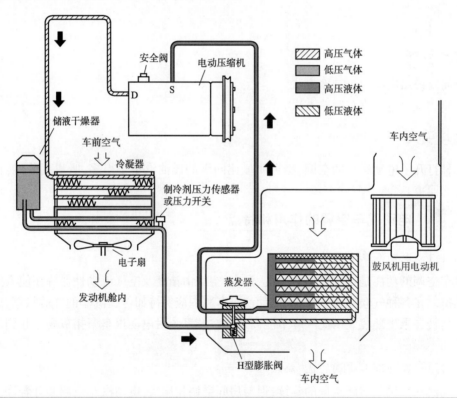

图 10-1 汽车制冷系统组成

1)低压管路

从节流阀出口至压缩机入口(S),沿程有蒸发器、低压加注口(图中未画出)位于低压管路上。

2)高压管路

从压缩机出口(D)至节流阀入口,沿程有压缩机、冷凝器、除液干燥器、压力开关、节流阀、高压加注口(图中未画出)。

客车多采用变频器控制高压三相电动机驱动压缩机,因此有独立的电机变频器,电动机和压缩机之间采用皮带传动方式。而轿车多采用整体式电动压缩机,这种压缩机内部有电动机,一般采用低电压 12V 驱动。

10.2.2 制冷系统部件功能

压缩机把低温、低压的气态的制冷剂吸入压缩成高温、高压液态制冷剂,以跟外界空气形成温差。冷凝器把经过冷凝器专用风扇或发动机散热器风扇把高温、高压制冷剂的热量散至周围空气,使制冷剂降温;储液干燥器用来除去制冷剂中的水分;高压加注口用于加制冷剂或对管路抽真空用;压力开关中,高压开关保护管路,低压开关保护压缩机;节流阀(膨胀阀)即一个可变或固定截面小孔,把高压制冷剂节流雾化,经蒸发器吸收车内空气热量;在鼓风机的作用下,蒸发器吸收车内热量,制冷剂变成低温、低压的气态;积累器用来储存制冷剂防止从蒸发器出来的不是气态而液击压缩机,一般不设计;低压加注口用于加制冷剂或对管路抽真空用。

10.2.3 典型的电动汽车空调系统功能

1) 汽车制冷过程

如图 10-2 中箭头所示汽车制冷过程:电动涡轮式压缩机工作将制冷剂压缩成高温高压液态,经冷凝器冷却成高温高压液态制冷剂,经驾驶室制冷电磁阀后,再经 H 型膨胀阀减压成低温气体进入蒸发器,车内空气经鼓风机吹入到蒸发器,空气将热量散给低温的蒸发器,空气温度降低。

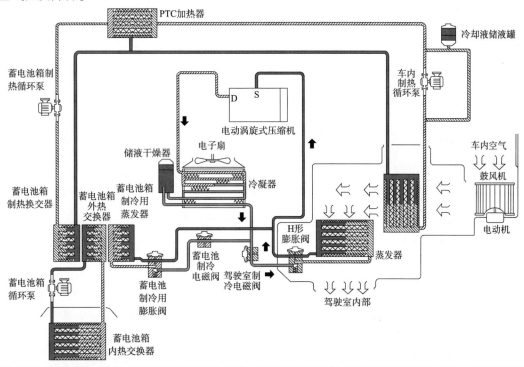

图 10-2 汽车制冷过程

2) 蓄电池箱制冷过程

如图 10-3 箭头所示为蓄电池箱制冷过程:电动涡轮式压缩机工作将制冷剂压缩成高温高压液态,经冷凝器冷却成高温液态制冷剂,经蓄电池制冷电磁阀后,再经蓄电池 H 型制膨胀阀减压成低温气体进入蓄电池箱用蒸发器,蓄电池箱外部热交换器内部冷却液与蓄电池箱用蒸发器热交换后温度降低,经蓄电池箱循环泵将降温的冷却液运输到蓄电池箱内的热交换器。

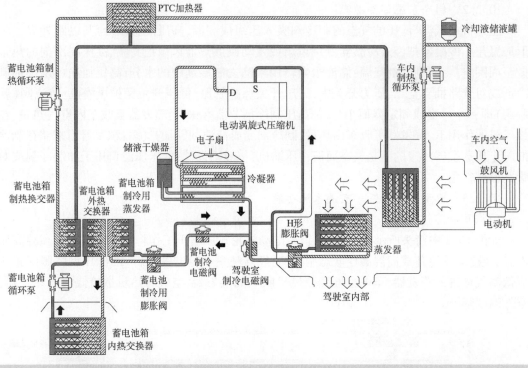

图 10-3　蓄电池箱制冷过程

3)蓄电池箱制热过程

如图 10-4 中箭头所示为蓄电池箱制热过程:PTC 加热器加热冷却液给蓄电池箱热交换器供给热量,热量经蓄电池箱外部的热交换器把热量传递给蓄电池箱的冷却液,经电动机带动的蓄电池箱循环泵将热量引至蓄电池箱内的热交换器,再把热量传给蓄电池。

4)驾驶室制热过程

如图 10-5 中箭头所示为驾驶室制热过程:PTC 加热器加热冷却液,冷却液流经暖风水箱,暖风水箱向车内提给热量。

10.3　温差电制冷

10.3.1　温差电制冷概述

半导体制冷又称电子制冷或温差电制冷,是从 20 世纪 50 年代发展起来的一门介于制冷技术和半导体技术之间的学科,目前还没有汽车采用此种方法做制热和制热系统。

10.3.2　温差电制冷的原理

温差电制冷的基本器件是热电偶对,即把一只 N 型半导体和一只 P 型半导体连接成热电偶,通上直流电后,在两种半导体的交界处就会产生温差和热量的转移。在电路上串联起若干对半导体热电偶对,而传热方面是并联的,这样就构成了一个常见的制冷热电堆(图 10-6),借助于热交换器等各种传热手段,热电堆的热端不断散热并且保持一定的温度,而把热电堆的冷端放到工作环境中去吸热降温,这就是半导体制冷的原理。

第 10 章 电动汽车空调系统

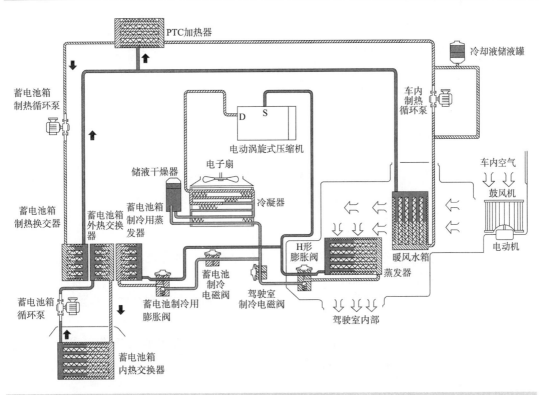

图 10-4　蓄电池箱制热过程

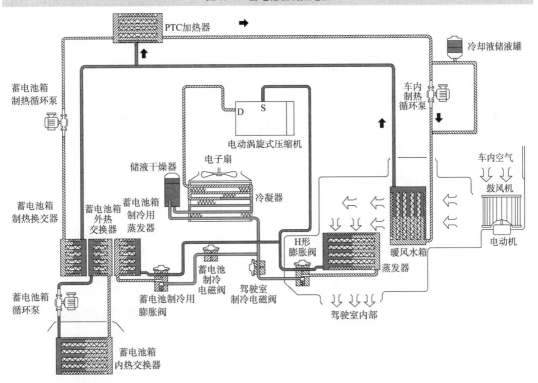

图 10-5　驾驶室制热过程

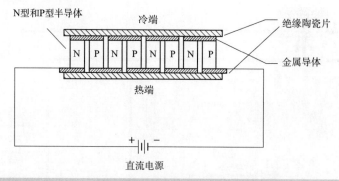

图 10-6 温差电制冷的基本器件

10.3.3 温差电制冷的特点

1）既能制冷，又能加热

半导体既能制冷，又能加热。制冷效率一般不高，制冷性能不够理想，但制热效率很高。

2）易实现高精度的温度控制

半导体制冷片是电流换能型片件，通过输入电流的控制，可实现高精度的温度控制。

3）热惯性非常小

半导体制冷片热惯性非常小，制冷制热时间很快，在热端散热良好冷端空载的情况下，通电不到 1min，制冷片就能达到最大温差。

4）功率范围大

半导体制冷片的单个制冷元件对的功率很小，但组合成电堆，用同类型的电堆串、并联的方法组合成制冷系统的话，功率就可以做的很大，因此制冷功率可以做到几毫瓦到上万瓦的范围。

5）温度工作范围宽

半导体制冷片的温差范围，从 90℃ 到 -130℃ 都可以实现。

此外还有不需要任何制冷剂，可连续工作，没有污染源，没有旋转部件，不会产生回转效应，没有滑动部件，工作时没有振动、噪声、寿命长，安装容易等特点。

10.4 空调加热方式

10.4.1 驻车加热器

纯电动汽车由于无法再利用发动机余热制暖，用电制热的方式在蓄电池容量不高而价格高时不经济，国内一部分电动车采用传统燃油车使用的驻车加热器作为加热源（图 10-7），虽然有仍用燃油作为燃料的不足，但却能促进电动汽车的进一步快速市场化。

1）气暖式驻车加热器

气暖式驻车加热器用两个管子与驾驶室相连，从而与驾驶室内的空气形成一个循环。

气暖式驻车加热器的原理是电动燃油泵将油箱的柴油泵入到加热器的燃烧室，柴油在燃烧室燃烧，所产生的热量加热燃烧室外部气套中的空气，在风机的驱动下，热空气流入驾驶室，从驾驶室回流的冷空气进入到加热器气套的入口，形成完整的循环。

2）水暖式驻车加热器

水暖式驻车加热系统是驻车加热器与仪表台下的原车散热器串联安装。

a)气暖式　　　　　　　　b)水暖式

图 10-7　驻车加热器

水暖式驻车加热器的工作原理：遥控器或定时器给 ECU 一个启动信号，计量油泵从油箱泵油并以脉冲形式将燃油输送到燃烧室前的金属毡上，由笔状点火器加热到 900℃ 左右，将喷溅的细小油滴气化，空气由燃烧空气鼓风机吸入，与汽油混合后并点燃，火焰将热能传递给发动机冷却液，电动循环水泵推动冷却水循环进入蒸发器内散热器，鼓风机吸入车内冷空气通过散热器，把变热的空气鼓入车内。

10.4.2　PTC 加热器

若电动汽车采用加热器的电制热方式时，加热器一般配置在驾驶席和副驾驶席之间的地板下方。加热器由可用电发热的正温度系数（Positive Temperature Coefficient, PTC）加热器元件，将加热器元件的热量传送至冷却水的散热扇。因要求加热器要有较高的制暖性，因此，电源使用的是驱动电机的锂离子蓄电池的高压电，而非辅助蓄电池（12V）。如果是纯电动汽车（EV）专用产品，也可以不使用冷却液，直接用鼓风机吹送经 PTC 加热器加热的暖风。

【专业指导】工程上一般 $1mm^2$ 纯铜线通常可通过 5A 电流，若 3.6kW 加热器 12V 则需要供电线为 $60mm^2$，可以说这样的线又粗又硬，无法在车上使用。

PTC 元件的特性据称符合汽车的制暖性能要求，具备在低温地区的高制暖性能。加热单元使用动力电池电压，加热器机身内部有板状加热器元件。通过在元件两侧通入散热剂（冷却水）提高散热性。加热器元件采用了普通 PTC 元件，PTC 元件夹在电极中间，具有电阻随元件温度改变的性质。在低温地区，电阻低，电流流通产生热量，随着温度升高，电阻逐渐增大，电流难以流通，发热量随之降低。

电动车沿用汽油车的制暖结构。发动机的制暖系统由发动机、冷却液、加热芯和送风的鼓风电动机组成。吸收发动机的热量温度升高的冷却液在加热芯内部流过，车内冷空气从加热芯外部流过，为车内制暖。所以只要有暖风散热器和电动水泵就能工作。

此外，目前加热器的 ECU（电子控制单元）与空调系统整体是各自独立的，也可将 ECU 与加热器融为一体。汽车厂商的努力为纯电动汽车配备多个加热器元件可以使其制暖能力提高到与发动机汽车相当。但是，为了尽量把动力电池容量留给驱动汽车行驶，汽车厂商在设计时对制暖耗电进行了抑制。弱混电动汽车以市区行驶速度（40~60km/h）为例，在某些条件下，使用制暖时的行驶距离要短于使用制冷时。制暖的蓄电池消耗比制冷的蓄电池消耗更大。弱混电动汽车采用了手动式空调。用户按下"MAX"开关后，温控性能和风量会以最高设定运行。目前，弱混电动汽车的制冷和制暖系统各自独立。

【说明】此种制热方法是目前在轿车和部分客车上采用最多的方法。

10.5 涡漩压缩机

10.5.1 汽车空调压缩机分类

汽车空调压缩机大致分为普通压缩机、混合驱动式压缩机和纯电驱动压缩机三类。

1)普通压缩机

普通压缩机是传统燃油汽车广泛采用的压缩机驱动类型。

2)混合驱动式压缩机

弱混(Mild-HEV)是以发动机为主体、电机为辅的车辆,采用的是皮带传动和电机驱动兼顾的混合式压缩机。

3)纯电驱动压缩机

在一部分客车上,采用一个变频电动机驱动活塞式压缩机;对于强混(Strong-HEV)和电动(EV)车辆,早期为电机和涡漩泵二合一电动压缩机,变频器在压缩机外部,现在多为变频器、电机和涡旋泵三合一电动压缩机。

10.5.2 涡旋压缩机的结构

2009年前早期电动机大多仅和涡旋泵集成,现在多是电机、变频器、涡旋泵三者集成一体。

如图10-8所示,电动变频压缩机包含一对螺旋线缠绕的固定蜗形叶片(定子叶片)和可晃蜗形叶片、无刷电机、油挡板和电机轴。

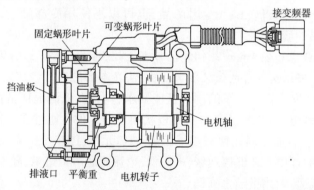

图10-8 电动变频压缩机内部结构

固定蜗形管安装在壳体上,轴的旋转引起可变蜗形管在保持原位置不变时发生转动,这时,由这对蜗形管隔开的空间大小发生变化,实现制冷气的吸入、压缩和排出等功能。将进气管直接放在蜗形管上可以直接吸气,从而可以提高进气效率。压缩机中的内置油挡板,可以挡住制冷循环过程中与气态制冷剂混合的压缩机油,使气态制冷剂循环顺畅,从而降低机油的循环率。

图10-9所示为电动涡旋式压缩机的固定蜗形叶片和可晃蜗形叶片实物图。

10.5.3 涡旋压缩机用电机

电动变频压缩机的涡旋泵由内置电机驱动,而电机由内置压缩机内部的变频器输出的三相交流电来驱动。这样,在混合动力电动汽车上,即使发动机不工作,空调系统也能工作。这样,既能达到良好的空气状况,也减少了油耗。由于采用了电动变频压缩机,压缩机转速可以被控制在空调 ECU 计算的所需转速内。因此,冷却性能和除湿性能都得到了改善,并降低了功率消耗。压缩机的进气、排气软管采用了低湿度渗入软管,这样,可以减少进入制冷循环中的湿气。压缩机使用高压交流电。如果压缩机电路发生开路或短路,HV – ECU 将切断空调变频器电路以停止向压缩机供电。

a)固定蜗形叶片　　　　　b)可变蜗形叶片

图 10-9　电动涡旋式压缩机叶片

10.5.4　涡旋压缩机机油

为了保证压缩机和压缩机壳内部高压部分的绝缘性能,采用了有高绝缘性的压缩机机油(例如丰田汽车采用 ND11,矿物油含量 90% ~ 100%,其他添加剂为 0 ~ 10%)。因此,绝对不能使用不同厂家的压缩机机油。

10.6　热泵式空调

目前的汽车热泵式空调有直接式、间接式和补气增焓直接式三种。

10.6.1　直接式热泵空调

日产聆风(NISSAN Leaf)于 2010 年底于欧美以及日本市场上市,2011 年进入中国市场,是 21 世纪最早的商品化纯电动汽车,其空调采用的是直接式热泵空调系统,与传统空调相比改变是空调箱内部布置了一个热交换器,称为车内冷凝器。其工作原理如下:

1)直接式热泵空调制冷

如图 10-10 所示,制冷时,车内冷凝器没有车内鼓风机过来的空气通过车内冷凝器翅片,这时工作原理基本与传统空调相同,气态制冷剂经电动压缩机压缩为高温(70℃)高压(1.3 ~ 1.5MPa)的气态制冷剂,气态制冷剂经车内冷凝器、压力传感器、截止阀 2、车外部冷凝器和干燥器后降为中温(50℃)中压(1.1 ~ 1.4MPa)液压制冷剂,经低压加注口到膨胀阀 1,经膨胀阀 1 节流进入车内蒸发器形成低温(– 5℃)低压(0.15MPa)气态制冷剂,低温气态制冷剂从车内吸热后变为稍升温(0 ~ 5℃)低压(0.12MPa)的气态制冷剂(实际不一定全部蒸发掉,可能存在液态的制冷剂,这时可增加液气分离器),制冷剂再次进入电动压缩机吸入形成新的循环。

2)直接式热泵空调制热

如图 10-11 所示,制热时,有车内空气通过车内冷凝器。气态制冷剂经电动压缩机压缩为稍高压的制冷剂,制冷剂经车内冷凝器散热后降温,经膨胀阀 2 蒸发降为温度低于外部环境温度的气体,低于外部环境温度的气体进入车外部冷凝器后从车外空气吸热,经截止阀 1 重新进入电动压缩机再次升温进入车内冷凝器,车内冷凝器温度大于车内空气温度,给驾驶室加热。

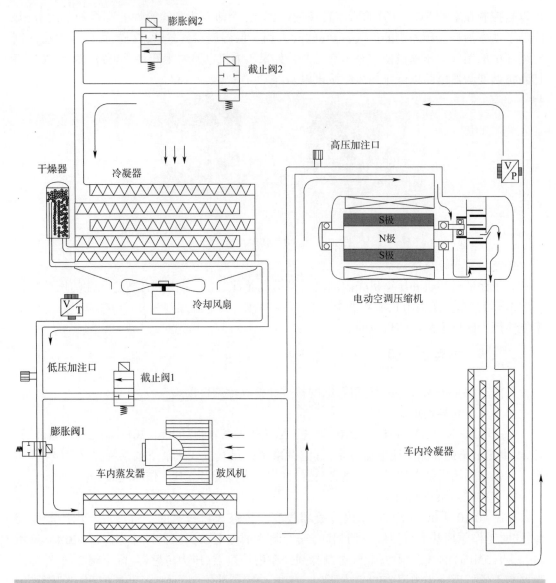

图 10-10 直接式热泵空调制冷

10.6.2 间接式热泵空调

使用间接式热泵空调的典型车型为宝马 i3 纯电动汽车。与直接式不一样的是,间接式热泵空调将应内置在车内空调箱内部的车内冷凝器布置在机舱内,称之为热泵换热器或热交换器。

1) 带热泵的加热回路

宝马 i3 纯电动汽车的热泵换热器安装在冷却液泵和电加热器之间,由于使用热泵式空调制热,PTC 电加热器的电能消耗明显减少。为了获得 5kW 的输出热量,由于电阻损失,单独采用电加热器需要消耗 5.5kW 的电能。而带热泵的系统只需要 2.5kW 的电能驱动电动空调压缩机,即可产生 5kW 的输出热量。因此在进行效率比较时,清晰地显示了热泵节约的能量,尽管热泵的加热效率高,但在低环境温度时,热泵的加热效率也会大大下降,不能满足实车使用,因此仍需要 PTC 电加热器。

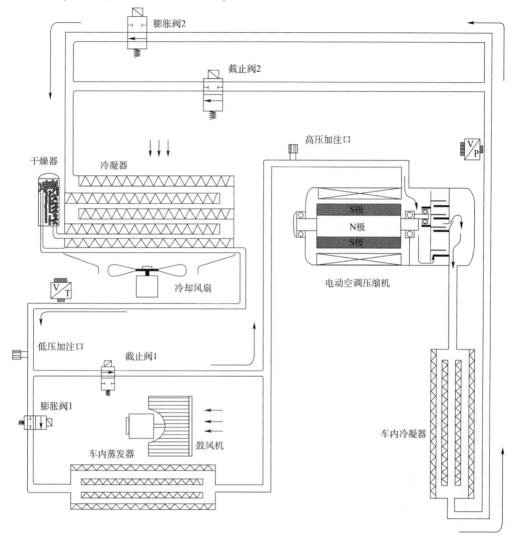

图 10-11　直接式热泵空调制热

2)热泵系统

在宝马 i3 纯电动汽车上,电机和功率电子装置(变频器、车载充电机和 DC/DC 变换器等)产生的可用废热很少。由于配置了热泵,使用电加热器的纯电动汽车其行驶里程并不明显减少。乘客舱所需的热量由带热泵的暖风空调系统提供。热泵的工作原理与暖风空调系统相反,低温高压的制冷剂流过车外冷凝器时,能从外界大气中吸收热量。而流过热泵热交换器(车内冷凝器)时,高温制冷剂释放的热能用于加热乘客舱。

3)热泵系统主要元件

(1)自动恒温空调控制单元。

自动恒温空调控制单元评估制冷剂温度和制冷剂压力信号,控制制冷剂截止阀和制冷剂电控膨胀阀等执行器。

(2)制冷剂温度传感器和压力—温度传感器。

带热泵的空调制冷剂管路上有3个温度传感器和2个压力—温度传感器,用于把制冷剂温度和压力值传递给自动恒温空调控制单元。

(3)制冷剂截止阀。

由于空调压缩机的润滑和压缩,制冷剂不能在电动压缩机和储液干燥器的制冷剂管路中反向流动。按照自动恒温空调控制单元发来的指令,热泵控制器打开或关闭制冷剂截止阀。截止阀阀门用于控制制冷剂回路,可以引起制冷剂在冷凝器和蒸发器中的不同流向,使热泵有制冷、加热和混合3种不同的运转模式。

所有制冷剂截止阀都位于车辆的前端,制冷剂截止阀有4个,制冷剂截止阀只能全开或全关,其中3个阀门在断电时打开,另一个阀门在断电时关闭。制冷剂截止阀分别安装在电动压缩机和热泵换热器之间、电动压缩机和冷凝器之间、蒸发器和储液干燥器之间、冷凝器和储液干燥器之间(此处阀门在线圈断电时,液压通路关闭)。在热泵的加热模式下,关闭的阀门打开,使制冷剂从冷凝器通过储液干燥器流回电动压缩机。

(4)电控膨胀阀。

由于使用了热泵,高电压蓄电池冷却回路中的热控膨胀阀和组合的膨胀截止阀被3个电控膨胀阀取代。这3个阀使用步进电动机在0~100%之间控制制冷剂管路。

(5)储液干燥器。

储液干燥器储存润滑用冷冻机油,保证热泵回路的正常工作。空调的储液干燥器集成在冷凝器上,不能单独更换。

(6)热泵换热器。

热泵换热器将高温高压制冷剂的热量传递给暖风加热管路流动的冷却液。

4)工作模式

汽车上安装的热泵有制冷、加热和混合三种工作模式。该热泵系统使用1kW的电能可以获得2kW的热量或3kW的冷气。在所有工作模式,热泵的感知温度范围为-10~40℃。带热泵的空调制冷剂量是970g,不带热泵的空调制冷剂量是750g,制冷剂的质量对空调系统的正常运转非常重要。

(1)制冷模式。

热泵在制冷模式时,制冷剂回路选用的设备与空调的标准设备完全相同。关闭制冷剂截止阀2和3,打开制冷剂截止阀1和4,其示意图如图10-12所示。

(2)加热模式。

如图10-13所示,热泵在加热模式时,关闭制冷剂截止阀1和4,打开制冷剂截止阀2和3,电动压缩机出来的制冷剂流过热泵换热器散热后,再反向经车内蒸发器再散热成为中低温的制冷剂,经膨胀阀进入车外冷凝器变为极低温的气态制冷剂,从车外空气吸热,再重回电动压缩机。

在电动压缩机出来的制冷剂流过热泵换热器散热后,这个过程中制冷剂将热量通过热交换器传递到暖风加热回路的冷却液,从而将热量经暖风散热器传递到车内。

(3)混合模式。

如图10-14所示,热泵在混合模式时,打开制冷剂截止阀1、3和4,关闭制冷剂截止阀2,

制冷剂不能反向流动。高温高压制冷剂分流,一方面经冷凝器散热后,冷却高电压蓄电池,并通过冷却蒸发器实现乘客舱除湿,另一路高温高压制冷剂在热泵换热器散热。当车外光线强时,不必从空调出风口吹冷气,这是带热泵空调系统的另一个优点。如果要加热脚部空间,使用热泵换热器,不必浪费电能。

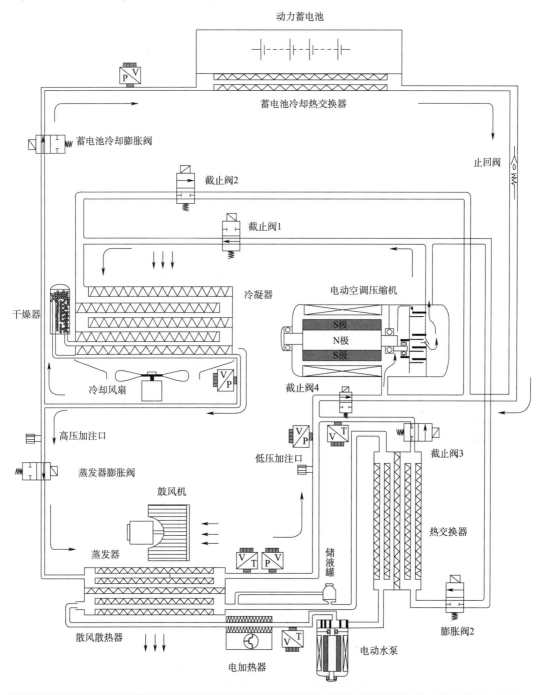

图 10-12　制冷模式

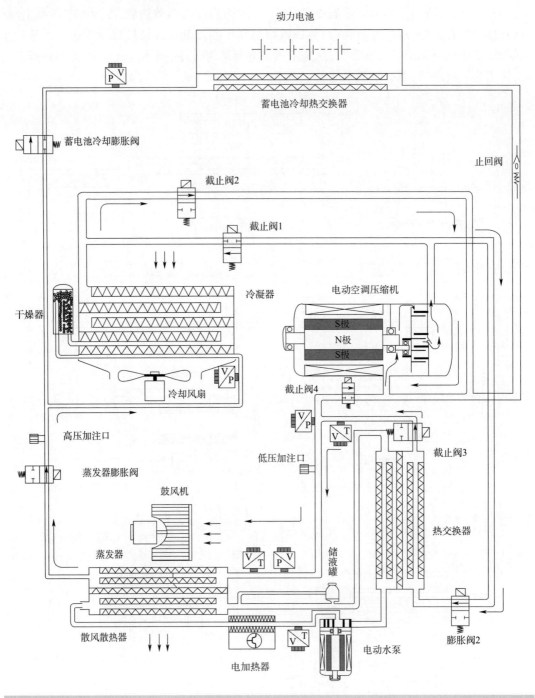

图 10-13 加热模式

10.6.3 补气增焓直接式热泵空调

1) 焓的定义

如图 10-15 所示,魔法师想要从无到有的在桌子上创造出一只兔子的话,魔法师不仅要付出制造兔子的能量 U,也要付出将兔子放在桌子上排开周围空气放置兔子空间所做的功

pV,魔法师需要付出的能量 $H(焓) = U + pV$。

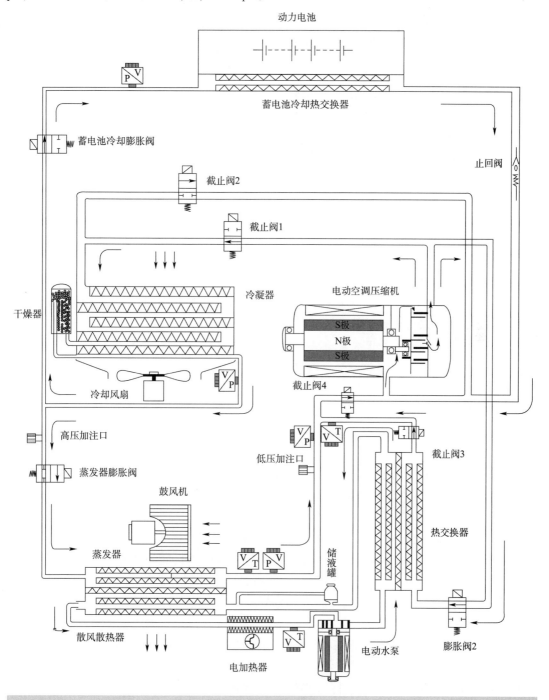

图 10-14　混合模式

焓的定义是：$H = U + pV$，其中 H 表示焓，U 表示内能。内能来自于热能，并以分子不规则运动为依据。焓由系统温度的提高而成比例增大，在绝对零度（-273℃）时为零点能量。在这里体积功直接视为对压强（p）引起体系体积（V）变化 ΔV 而形成的功。

图 10-15 焓的定义

所谓补气增焓是指压缩机采用两级节流中间喷气技术,采用闪蒸器进行气液分离,实现增焓效果。它通过中低压时边压缩边喷气混合冷却,然后高压时正常压缩,提高压缩机排气量,达到低温环境下提升制热能力的目的。

【专业指导】闪蒸的原理

闪蒸的原理是利用高压的饱和液体进入比较低压的容器中后,由于压力的突然降低,使这些饱和液体变成容器压力下的饱和蒸汽和饱和液。

目前,生活中的很多管道系统都利用了闪蒸原理。闪蒸是一种非常快速的转变过程,方法是当流体流经局部收缩的流通面积的调节阀时产生局部阻力,使得流体的压力和速度发生一定的变化。同时,当压力为 $p1$ 的流体流经节流孔时,流速突然急剧增加,静压骤然下降;当孔后压力 $p2$ 在达到该流体所在情况下的饱和蒸汽压力 pV 前,部分流体汽化成气体,产生的气泡形成气液两相共存现象,称为闪蒸阶段,可见它是一种系统现象。

如果管道系统上使用了闪蒸原理,对于调节阀是有一定破坏的,能够做到的就是防止闪蒸对调节阀的破坏,这样管道系统才能够更好的运行。

2) 系统工作原理

补气增焓技术的压缩机多了一个吸气口,通过产生蒸汽来冷却主循环的制冷剂,蒸汽从第二个吸气口进入压缩机,其压缩过程被补气过程分割成两段,变为准二级压缩过程。补气降低排气温度,同时降低其排气过热度,减少冷凝器的气相换热区的长度,增加两相换热面积,提高冷凝器的换热效率。当蒸发温度和冷凝温度相差越大,会产生越好的效果,所以在低温环境下效果更明显。

中间补气涡旋压缩机即在压缩机压缩中间腔补充中压气体,增加排气量,降低排气温度,提升制热能力,使热泵空调器在低环境温度也能提供足够的制热能力。同时,补气通道的开启和关闭可以作为一种容量卸载调节的辅助手段。

下面以丰田普锐斯车型为例具体阐述。

(1) 不补气增焓时的工作原理。

不补气增焓时的工作原理如图 10-16 所示,截止阀 3 通电,制冷剂经截止阀 3 直接去冷凝器。

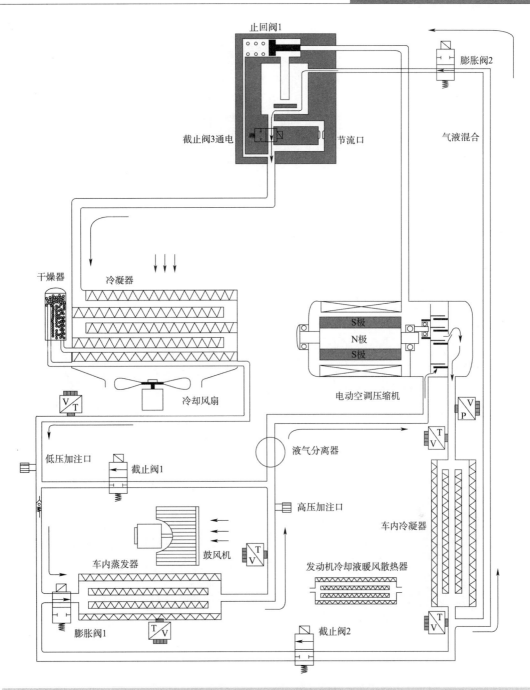

图 10-16　不补气增焓时工作原理

(2) 补气增焓时的工作原理。

补气增焓时的工作原理如图 10-17 所示，截止阀 3 断电后，制冷剂经节流口去车外冷凝器，一部分经止回阀 1 回流至电动压缩机入口，电动压缩机被回气填满，增加压缩机从液气分离器吸进制冷剂的压缩能力。从而在车外冷凝器蒸发时形成更低温的气体，从车外空气吸收更多的热量。

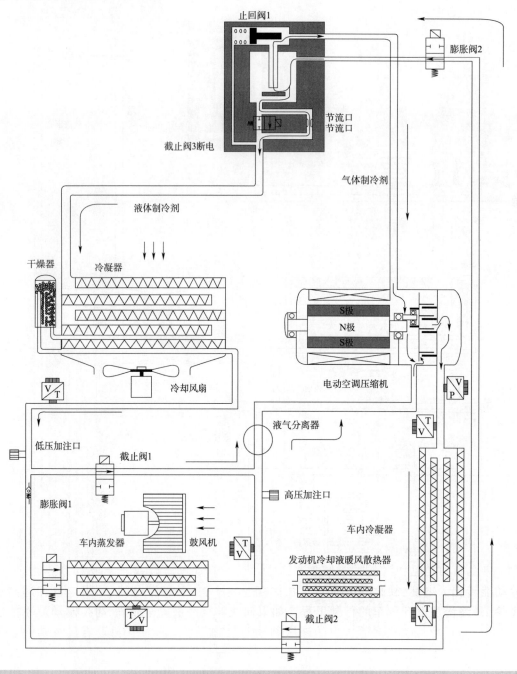

图 10-17 补气增焓时工作原理

 习题

1. 简要说出电动汽车的制冷方法。
2. 简要说出电动汽车的制热方法。

第 11 章 电动汽车制动系统

学习目标

1. 简要说出电动汽车的混合制动原理。
2. 简要说出线控制动液压单元工作过程。
3. 简要说出线控系统增加的元件有哪些。

情境引入

小林同学发现自己开的混合动力汽车没有真空助力器,而制动踏板操作仍然轻便,很是好奇。

11.1 电动汽车制动系统

11.1.1 再生制动

1) 再生制动的功能

再生制动是电动汽车所独有的,在减速制动(踩制动踏板或者下坡)时将车辆的部分动能转化为电能,转化的电能储存在储存装置中,如各种蓄电池、超级电容和超高速飞轮,最终增加电动汽车的行驶里程。如果储能器已经被完全充满,再生制动就不能实现,所需的制动力就只能由常规的液压制动系统来提供。现在几乎所有的电动汽车都安装了这种再生制动系统,从而可实现节约制动能、回收部分制动动能,并为驾驶员提供常规制动性能。

2) 再生制动的工作过程

一般而言,当电动汽车减速、在公路上放抬加速踏板巡航或踩下制动踏板停车时,再生制动系统启动。正常减速时,再生制动的制动力矩通常保持在最大负荷状态;电动汽车高速巡航时,其驱动电动机一般是在恒功率状态下运行,驱动力矩与驱动电动机的转速或者车辆行驶速度成反比。因此,恒功率下驱动电动机的转速越高,再生制动的能力就越低。另一方面,当踩下制动踏板时,驱动电动机通常运行在低速状态。由于在低速时,电动汽车的动能不足以为驱动电动机提供能量来产生最大的制动力矩,因而再生制动能力也就会随着车速降低而减小。

3)混合制动比例分析

如图11-1所示,电动汽车的再生制动力矩通常不能像传统燃油车中的制动系统一样提供足够的制动减速度,所以,在电动汽车中,再生制动和液压制动系统通常共同存在,称为混合制动。为了尽可能多的回收能量,设计上只有当再生制动已经达到了最大制动能力而且还不能满足制动要求时,液压制动才起作用。

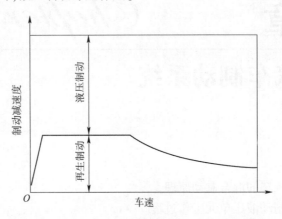

图11-1 混合制动比例与减速度和车速的关系

再生制动与液压制动之间的协调是问题的关键所在,而且,应该考虑如下特殊要求:

为了使驾驶员在制动时有一种平顺感,液压制动力矩应该可以根据再生制动力矩的变化进行控制,最终使驾驶员获得所希望的总制动力矩。同时,液压制动的控制不应引起制动踏板的冲击,因而不会给驾驶员一种不正常的感觉。

利用 ABS 扩展的 ESP 功能实现电动泵的油压提高,这要求 ABS 的 ESP 模块与整车控制系统要进行通信,可以把再生制动软件写在 ABS 模块、驱动油泵、控制摩擦制动和控制制动助力的真空源。ABS 与整车控制器通信控制再生制动的强度即可。液压制动力矩是电控的,将产生的液压传到制动轮缸上。因而再生-液压制动系统需要防止制动失效的机构,为了提高系统的可靠性,满足安全标准,系统一般采用双管路制动,当其中一条管路失效时,另一条管路必须能提供足够的制动力。

11.1.2 减速度法能量回收

汽车减速度大说明驾驶员施加的制动力大,制动时是以汽车制动减速度为目标控制,所以也根据汽车减速度进行能量回收控制。例如某后轴驱动客车利用减速度限值再生制动方法:

1)减速度小于 $0.15g$

这时制动车轮不会出现制动抱死的情况,后轴进行再生制动能量回收,仅后轴有制动,为纯再生制动工况。

2)减速度介于 $0.15 \sim 0.4g$ 时

后轴进行制动能量回收,同时利用 ABS 的回油泵加大前轴的液压制动力,能实现制动比例的分配合理。

3) 减速度介于 0.4~0.7g 时

利用 ABS 的回油泵进一步加大前轴的液压制动力,同时减小后轴的制动能量回收。

4) 减速度大于 0.7g 时

这种情况很少,后轴的制动能量回收电流过大,蓄电池不能吸收,同时电动机(此时起发电作用)会剧烈振动,所以取消再生制动,完全采用摩擦制动。

在整个再生制动过程中,车辆的动能不可能完全转换为储能器的充电电能。再生制动所损失的能量包括空气阻力损失、滚动阻力损失、制动系统损失、电动机损失、转换损失及充电损失等。尽管如此,现代电动汽车采用再生制动后能节省将近 20% 的能量。

11.1.3 制动力矩分配

电动汽车上的总制动力矩是再生制动力矩与液压制动力矩之和。再生制动力矩与液压制动力矩之间的分配比例及前后轮之间分配的关系如图 11-2 所示。目的是保持最大再生制动力矩的同时为驾驶员提供与燃油车相同的制动感。

当制动踏板力较小时,只有再生制动力矩施加在驱动轮上,并且与制动踏板力成正比。而非驱动轮上的制动力由液压制动提供,液压制动力也与制动踏板力成正比。当制动踏板力超过一定值时,最大再生制动力矩全部加在驱动轮上,同时液压制动力矩也作用在驱动轮上以获得所需的制动力矩。因而最大再生制动力矩可以保持不变,以便能完全回收车辆的再生制动动能。

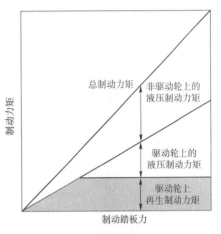

图 11-2 再生制动力矩与液压制动力矩的分配

制动系统因制动造成的管路压力(或制动踏板踏下深度越深)越高,说明经驾驶员判断需要的总制动力矩越大,非驱动轮的制动力矩一直在增加。驱动轮的制动力矩之和也在增加,但摩擦力矩(液压制动力矩)增加的多,再生制动力矩不增加,甚至要有减小。这就要求再生制动和 ABS 系统要协同工作。

两前轮采用独立的液压制动、后轮低选的液压制动系统,制动压力传感器(液压传感器)监测制动系统管路的制动压力(液压或气压),有 ABS 的汽车采用车速和压力传感器(也可用制动踏板行程开关)采集制动状态信号,根据车速算出的减速度值与设定的减速度值进行比较进行控制。

11.1.4 定量制动的液压制动单元

驾驶员踩下制动踏板后,汽车制动控制系统将液压力制动行程模拟器,结合制动踏板上的制动踏板位置传感器生成总的制动力,制动控制单元对总的制动力进行分配,确定发电机能量回收实现的制动力矩和液压摩擦力矩分别是多少。

为了实现液压制动力矩的定量控制,液压制动系统结构应能定量制动,其结构如图 11-3 所示。电动泵使制动液增压产生所需的制动力,并由每个车轮上的轮缸压力传感器进行液压压力监测,只要合理控制轮缸的制动液压力就能实现精准的液压制动力矩控制。

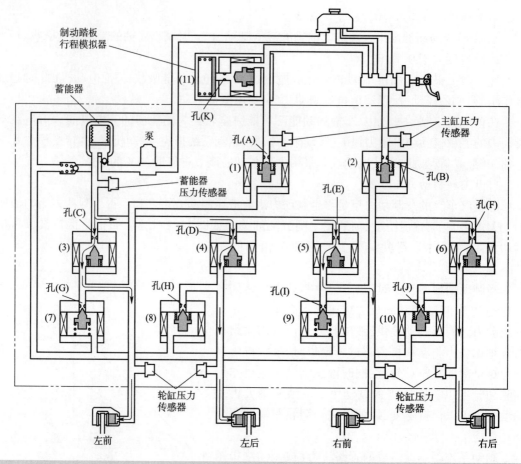

图 11-3 定量制动的液压制动单元结构

11.2 电动真空泵

在国内纯电动汽车和一部分混合动力汽车采用带有真空助力器的制动系统,因此有必要了解带有真空助力的制动系统。

11.2.1 真空度

关于真空度的理解见图 11-4 真空表,真空表针的指针是反转型。在空气中表的指针指在最右侧 0 位。当气压低于一个大气压,即出现真空度时,表的指针开始反转,反转为负值。计算结果表明,当最小真空度为 -37.5 kPa(-0.0375 MPa)以上时(即表针向左摆的越多助力效果越好),才可为制动系统提供满足设计要求的真空制动助力。

真空助力器安装于制动踏板与制动主缸之间,由制动踏板通过推杆直接操纵。真空助力器与制动踏板产生的力叠加在一起作用在制动主缸推杆上,以提高制动主缸的输出压力。真空助力器由带有橡胶膜片的活塞分为前室与后室。未制动时,发动机进气歧管将真空助力器的前室和后室抽成真空度为 $-60\sim80$ kPa。制动时,后室在制动时大气阀打开,外界大气进入后室产生制动。当抬起制动踏板时,通大气的后室气体进入前室,消耗了真空助力器的真空度,使真空度减小,助力效果下降,所以电动汽车必须有一个类似于发动机进气歧管这样的一个抽气机。

a) 真空表(指针左转)

b) 压力表(指针右转)

c) 压力真空表(指针可左、右转)

图 11-4 真空表指针

真空助力器所能提供助力的大小取决于真空助力器后室与前室气压差值的大小。当后室的真空度达到外界大气压时,真空助力器可以提供最大的制动助力。真空泵所产生的真空度的大小及速度关系到真空助力器的工作状态,真空泵的容量大小关系到助力器的性能,进而影响到制动系统在各种工况下能否正常工作。

11.2.2 真空源

传统内燃机轿车制动系统的真空助力装置的真空源来自于发动机的进气歧管,真空度负压一般可达到 -50kPa(-0.05MPa)至 -70kPa(-0.07MPa)。对于由传统车型改装成的纯电动车或燃料电池汽车,发动机总成被拆除后,制动系统由于没有真空源而丧失真空助力功能。为了产生足够的真空,除了一个具有足够排气量的电动真空泵外,为了节能和可靠,还要为电动真空泵电动机设计合适的工作时间。一般燃油车进气歧管会在 4~5s 使真空助力器前后腔内产生 -50kPa(-0.05MPa)以上的真空度,所以在设计电动真空泵时,电动真空泵也需在 4~5s 使真空助力器前后腔内产生 -50kPa(-0.05MPa)以上的真空度。

如图 11-5 所示为电动汽车真空泵电路组成。工作原理:一般当驾驶员踩下 1 次至 2 次制动踏板,真空助力器的真空度即低于限值 -30kPa(-0.03MPa),真空度传感器 1 检测到后把电信号传给制动控制单元(ABS)2,也可以是电动汽车控制单元(ECU),真空泵电动机继电器 3 工作,接通电动真空泵 4,电动真空泵 4 工作将真空助力器 6 左腔气体抽出经单向阀 5 到真空泵 4,从排气口 7 排出。当真空度传感器 1 检测真空度高于限值 -70kPa(-0.07MPa)时,停止真空泵继电器 3 工作。

11.2.3 压力延时开关

压力延时开关也称压力开关,为常闭开关,当真空助力器的真空度大到一定值时断开,电动真空助力制动系统控制如下:

(1) 接通汽车 12V 电源,由于事先压力延时开关闭合,真空泵大约工作 30s 后开关断开,此时真空罐内压力大约为 -80kPa(-0.08MPa);

(2) 当真空罐内压力增加到 -55kPa(-0.055MPa)时,压力延时开关再次闭合;

(3) 当真空罐内压力增加到大约 -34kPa(-0.034MPa)时,压力报警器发出信号。

如果真空泵控制开关有很明显的短时间开启和关闭,说明真空助力系统发生了泄漏。

根据这个控制策略,设计的间歇性真空发生系统,该间歇性真空发生系统的基本工作原理为:当驾驶员起动汽车时,12V电源接通,压力开关和压力报警器开始压力自检,如果真空罐内的真空度小于 -55kPa,压力膜片将会挤压触点,从而接通电源,真空泵开始工作;当真空度增加到 -55kPa 时,压力延时开关断开,然后通过延时继电器使真空泵继续工作大约 30s 后停止;每次驾驶员有制动动作时,压力延时开关都会自检,从而判断电动真空泵是否应该工作;如果真空罐内的真空度低于 -34kPa 时,真空助力器不能提供有效的真空助力,此时压力报警器将会发出信号,提醒驾驶员注意行车速度。

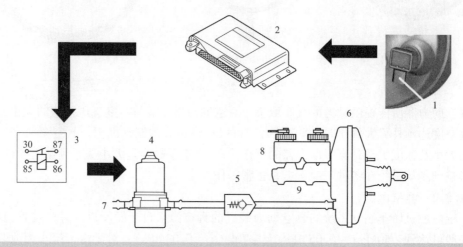

图 11-5　电动汽车电动真空泵电路

1-真空度传感器;2-制动控制单元(ABS);3-真空泵电动机继电器;4-电动真空泵;5-单向阀;6-真空助力器;7-排气口;8-制动液储液罐;9-双腔串联制动主缸

11.2.4　压力传感器

电动真空泵控制也可采用电控单元控制,只要把压力开关换成绝对压力传感器,电动真空泵由控制单元控制继电器即可,国内的一些纯电动汽车里,由真空助力器真空度传感器(图 11-6)、整车控制器 ECU、电动真空泵工作继电器、真空泵电动机组成的一个闭环真空度控制系统,保证制动时真空助力器的正常工作。

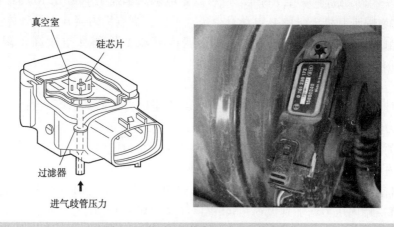

图 11-6　绝对压力传感器(真空度传感器)

11.3 丰田普锐斯线控制动系统

11.3.1 线控制动系统

1）线控制动系统概念

丰田普锐斯(PRIUS)混合动力汽车采用线控制动系统(Electronic Control Brake,ECB)。线控制动系统能根据驾驶员踩制动踏板的位置程度和所施加的力所产生的液压大小计算所需的制动力。液压制动力和再生制动力的分配随车速及制动时间的变化而改变。通过控制液压制动力的大小来实现,液压制动和再生制动的总制动力要与驾驶员所需的制动力一致。如果由于系统故障导致再生制动失效,则制动系统会影响控制,结果驾驶员所需的全部制动力就由液压制动系统提供。

2）线控制动系统功能

(1)电子制动力分配(EBD)。

EBD 控制利用 ABS,根据行驶条件在前轮和后轮间分配合适的制动力。转向制动时,它还能控制左右车轮的制动力,以保持车辆平稳行驶。

(2)防抱死制动(ABS)。

ECB 系统中的 ABS(防抱死制动系统)对过猛的制动或在易滑路面制动时,ABS 系统能防止车轮抱死。

(3)增强型车辆稳定系统(VSC+)。

ECB 中的 VSC+(增强型车辆稳定系统)功能可以防止转向时前轮或后轮急速滑动产生的车辆侧滑。

(4)对转向助力控干预。

ECB 和 EPS ECU(电动转向)一起进行联合控制,以便根据车辆的行驶条件提供转向助力。

(5)摩擦制动和液压制动。

通过尽量使用发电机的再生制动力和控制液压制动实现再生制动与液压制动的联合控制。

(6)制动助力。

ECB 系统的制动助力有 2 个功能:一是紧急制动时,如果制动踏板力不足,可以增大制动力;二是需要强大制动力时增大制动力。

3）线控制动系统结构设计

(1)取消传统的制动真空助力器。

设计上可以取消传统的制动真空助力器,变为采用 VSC 车辆稳定控制系统的油泵电动机供能,正常制动时,制动主缸(总泵)的双腔串联,使主缸产生的液压力不直接作用在轮缸上,而是通过制动行程模拟器的协助,由制动行程传感器和制动压力传感器转换为液压信号体现驾驶员的制动意图。

(2)轮缸液压压力调整。

电控系统通过调整作用于轮缸的制动执行器上液压泵的液压压力,从而获得实际需要的控制压力。

丰田电控制动系统的 ECB ECU 和制动防滑控制 ECU 集成在一起,并和液压制动控制系统(包括带 EBD 的 ABS、制动助力和 VSC +)一起进行综合控制,一般要增加制动控制系统警告灯。

11.3.2 线控制动增加部件

例如,日本丰田 Prius 混合动力汽车的线控制动系统相对传统带真空助力的制动系统主要增加了行程模拟器、高压蓄能器、车辆稳定控制液压执行器,增加了取消真空助力的双腔串联制动总泵,增加了一个备用电源系统,如图 11-7 所示。

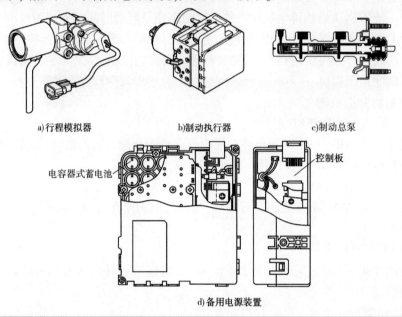

图 11-7 相对传统制动系统新增加的 4 种部件

1) 行程模拟器

如图 11-8 所示,制动时根据驾驶员的踏板力度产生踏板行程。行程模拟器位于总泵和制动执行器之间,它根据制动中驾驶员踩制动踏板的力产生踏板行程。行程模拟器包括弹簧系数不同的两种螺旋弹簧,具有对应于总泵压力的两个阶段的踏板行程特性。

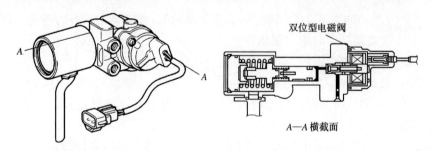

图 11-8 行程模拟器解剖图

2) 取消真空助力器的制动总泵

传统汽车制动总泵上的真空助力器被取消,采用了电动机液压助力。制动总泵仍采用双腔串联形式,一旦电动机液压助力失效,制动总泵的前腔和后腔将分别对汽车的左前和右前轮进行制动。所以这个总泵也称为前轮制动总泵。

第11章 电动汽车制动系统

3）备用电源装置

用作备用电源以保证给制动系统稳定地供电。该装置包括28个电容器式蓄电池,用于存储车辆电源(12V)提供的电量。当车辆电源电压(12V)下降时,电容器式蓄电池中的电就会作为辅助电源向制动系统供电。关闭电源开关后,HV供电系统停止工作时,存储在电容器式蓄电池中的电量放电。因此维修中电源开关关闭后,备用电源装置就处于放电状态,但电容器中仍有一定的电压。因此,在从车辆上拆下备用电源装置或将其打开检查它的盒内部之前,一定要检查它的剩余电压,如果必要则使其放电。

普锐斯主要组件位置如图11-9所示。

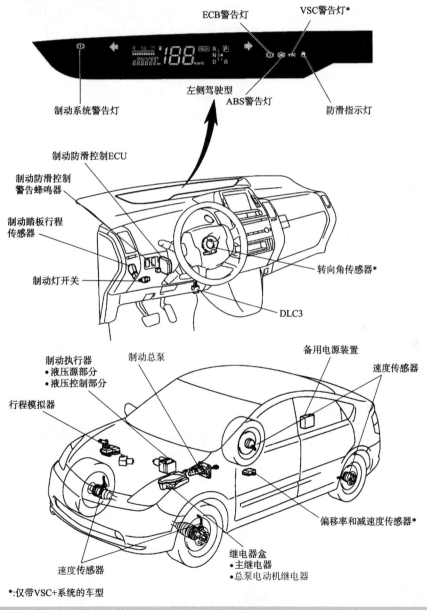

*:仅带VSC+系统的车型

图11-9　普锐斯的主要组件位置

11.3.3 电动汽车能量回馈

1)能量回馈的概念

所谓能量回馈,即电动机工作于再生制动模式。在制动过程中,控制驱动器使电机的电流方向与正向运行时相反,便会产生制动性质的转矩。使电机(此时作为发电机使用)产生的电压高于蓄电池时,可以将电流回馈至蓄电池,达到能量回馈的目的。

2)回馈制动的潜力

目前,无刷直流电动机大多采用三相星形结构,采用全桥驱动方式。目前,电动汽车存在着蓄电池能量低、充电时间长等问题,而电动汽车的频繁起动、制动又消耗了大量能量,回馈制动潜力很大。能量回馈制动系统在汽车制动时可以将能量回馈到蓄电池,以提高整车运行效率和电动汽车的续驶里程。同时能量回馈制动系统可以实现汽车的电气制动。能量回馈制动控制技术已经成为电动汽车的核心技术之一。

11.3.4 能量回馈约束

电动车用无刷直流电动机驱动系统的能量回馈过程要受到车辆运行状态的限制。能量回馈的过程还要受到制动安全和蓄电池充电安全等条件的限制。包括蓄电池电存量、电机的回馈能力和当前转速等。回馈制动控制策略需要与整车制动要求紧密结合。在实际应用中,回馈制动应满足一定的约束条件,并采取相应的控制策略。在回馈制动过程中,相应的主要约束条件如下。

1)满足制动安全的要求

在回馈制动过程中,制动安全是第一位的。因而根据整车的制动要求,回馈制动系统应保持一定的制动转矩,以保证整车的制动性能如制动减速度、制动距离等。在一般的减速过程中,回馈制动可以满足要求。当制动力矩需求大于系统回馈制动能力时,还需要采用传统的机械制动。此外,当电机转速低至回馈制动无法实现时,也需要采取其他制动方式辅助制动运行。

2)电动机系统的回馈能力

回馈制动系统在工作过程中,应考虑电机系统在发电过程中的工作特性和输出能力。因此需要对回馈过程中的电流大小进行限制,以保证电机系统的安全运行。

3)电池组的充电安全

电动汽车常用的能源多为铅酸蓄电池、锂离子蓄电池、镍氢蓄电池等。充电时,应避免充电电流过大,损坏蓄电池。因此,回馈制动系统的容量除了要考虑电机系统的回馈能力,还应包含蓄电池的充电承受能力。由于回馈制动过程时间有限,因此主要约束条件为充电电流的大小。

回馈制动过程中在转速一定条件下回馈能量、回馈效率与控制占空比的关系。在回馈制动过程中,通常可采用的控制策略有最大回馈功率控制、最大回馈效率控制、恒转矩控制等控制策略。在恒转矩控制策略下,可以使整车保持制动需求的减速度完成制动过程,使制动过程满足制动力矩需求。在回馈制动状态下,制动转矩由电机的电磁转矩提供。对于永磁无刷直流电机,电机的电磁转矩正比于电机的电流,因此可以通过控制回馈电流的大小来控制制动转矩的大小,实现对制动过程的控制。

习题

1. 简要写出电动汽车的混合制动都包括哪几部分制动。
2. 简要写出线控制动液压单元工作过程。
3. 简要写出线控系统增加的元件有哪些。

参 考 文 献

[1] 赵振宁,王慧怡. 新能源汽车技术[M]. 北京:人民交通出版社,2013.
[2] 赵振宁. 混合动力汽车构造原理与检修[M]. 北京:北京理工大学出版社,2015.
[3] 陈清泉,孙逢春,祝嘉光. 现代电动汽车技术[M]. 北京理工大学出版社,2002.
[4] 陈全世. 先进电动汽车技术[M]. 北京:化学工业出版社,2007.
[5] 中华人民共和国国家标准. 电动汽车操纵件、指示器及信号装置的标志:GB/T 4094.2—2005[S]. 北京:中国标准出版社,2005.
[6] 中华人民共和国国家标准. 电动汽车用仪表的要求,要求电动汽车组合仪表:GB/T 19836—2005[S]. 北京:中国标准出版社,2005.